누구나 랩

okay! Anyone can Rap.

누구나 랩

okay!
Anyone can
Rap!

술제이 지음 | MC 메타 서문

한스미디어

랩 가사 쓰는 법부터 랩을 뱉는 법, 메시지, 리듬, 라임, 즉흥 랩까지 지금까지 이 정도로 랩 자체를 해부한 책은 없었던 것 같다. 랩을 처음 접하는 친구부터 이미 알고 있던 사람까지 모두 흥미롭게 볼 수 있는 책이다!

— 넉살 (Nucksal)

체계화. 정리. 참 어렵고 귀찮은 일이지만 반드시 이루어져야 하는 작업이다. 그 작업에 시간과 열정을 쏟아 부은 술제이 형에게 박수와 고마움을 보낸다. 《누구나 랩》, 글쓴이의 의도가 잘 드러나는 제목이라는 생각이 든다. 랩을 처음 접하는 모든 이들이 이 책을 읽고 즐겁게 가사를 쓰고 프리스타일 랩을 시도해 보길 진심으로 기원하고 응원한다.

— 허클베리피 (Huckleberry P)

평론가나 마니아가 아닌, 한국 힙합 역사의 산 증인인 MC이며, 프리스타일 문화의 0세대이자 전설이 직접 쓴 책. 이건 플레이어의 플레이어에 의한 플레이어를 위한 지침서이다.

— 뉴챔프 (New Champ)

"왜 이제서야 나왔는가?" 내가 랩을 시작했을 때 이 책이 나왔었다면 나는 더 완벽한 랩을 구사할 수 있었을지도 모르겠다. 이 책은 당신이 꾸는 꿈에 검증된 지름길을 터놓았다! 고민하지 말고 부디 지름길을 걷기를! 모든 래퍼들의 꿈을 저자와 같은 마음으로 진심으로 응원한다.

– 타이미 (Tymee)

랩을 해 본 사람들은 한 번쯤 느껴 봤을 것이다. 본토의 음악과 비교했을 때 드는 언어와 정서의 이질감! 프리스타일을 바탕으로 누구보다 현장 경험이 많은 술제이가 썼다. 거리 문화라는 기본적인 힙합의 이해에 충실했던 그이기에 이 책은 더욱 많은 걸 깨닫게 해 준다.

– 나찰 (Naachal)

춤, 노래, 랩, 모든 것에는 기본기가 중요하다고 생각한다. 이 책은 랩의 기본기를 정말 단단하게 만들어 줄 수 있는 책인 것 같다. 랩에 대해 문득 궁금한 게 생길 때, 조언을 구할 곳이 없을 때 이 책을 꼭 읽어 보셨으면 좋겠다.

– 예지 (Yezi)

음악과 랩에 꿈이 있는 분들을 위한 지침서.

– 김선재

남의 것을 훔치는 것만큼 효과적인 경제 활동 방법은 없다. 술제이의 지식을 훔쳐 그보다 더욱 높은 곳으로 가시기를.

– 차붐 (Chaboom)

예술에는 정답이 없다고 한다. 본인의 센스로 발견해 가면서 경험이 쌓여야 자기의 색깔이 점점 나온다. 맞는 말이라고 믿지만 모든 것엔 기본이 있다. 기본 지식이 있어야 혼자 계속 발견해 나아갈 수 있다. 랩에 대해 기본적으로 꼭 알아야 되는 지식이 이 책에 모두 담겨 있다.
— Jackson Wang (王嘉尔)

랩을 하고 싶다면 이 책을 먼저 보고 시작하자. 래퍼라면 꼭 한 번은 읽어 봐야 하는 레퍼런스가 될 것이다.
— 우진영

무엇이든 감각적으로 터득하는 방법도 있지만, 차근차근 이론을 따라가는 방법도 존재한다. 《누구나 랩》은 래퍼의 꿈을 키우고 있지만 어떻게 시작할지 모르는 이에게 좋은 길잡이가 되어 줄 것이다.
— 키비 (Kebee)

랩을 좋아하는, 랩을 하고 싶은, 랩을 하고 있는 사람 누구나 이 책을 읽고 자신에게 랩(힙합)이란 무엇인가에 대해 생각하는 시간을 가져 보는 것도 재밌을 것 같다. 내 생각에 랩은 답이 정해져 있지 않아서 누구나 할 수 있고 즐길 수 있다. 그렇다고 누구나 잘할 수 있는 것은 아니며, 자신이 기준이 될 때 가장 멋진 것 같다. 술제이 형이 기준이 된 《누구나 랩》이라는 책을 자기 기준에서 재밌게 읽어 보는 시간이 됐으면 한다.
— 행주

이미 랩을 연습하고 있는 MC들도 재정립을 위해서 한 번은 읽어 봐야 할 것 같다. 막연한 개념이 기술로 발전할 수 있는 기회이다.
— 데드피 (Dead'P)

누군가 꼭 한 번은 했어야 할 일이다. 한글 엠씨잉에 더한 방법론을 한 치의 누락과 모자람 없이 담아냈다. 래퍼들에게는 기술적 교고·서가, 리스너들에겐 심도 깊은 감상을 위한 길라잡이가 될 책이다.
— 익스에이러 (Ex8er)

랩이란 건 철저하게 연구하고 연구하다 보면 그 어떤 사람들도 가능케 한다. 내가 라이밍(rhyming)이란 걸 알게 되고 처음 가사를 썼을 때 그 청각적 쾌감은 말로 표현할 수 없다. 그리고 그 쾌감을 이 책에서 간접적으로 느낄 수 있었다. — 반 블랭크 (Ban blank)

랩을 어떻게 시작해야 할지 고민인 이들에게 좋은 안내서가 될 것 같은 책이다. 좋은 랩을 만들기 위해 필요한 이론들이 초보자도 이해하기 쉽게 꼼꼼히 서술되어 있어 그간 어렴풋이 듣고 따라 했던 방식들이 있다면 이 책을 통해 그 방법론을 정립할 수 있는 기회가 될 것이다.
— 로벤 (LOBEN)

눈에 보이지 않는 것을 규명한다는 것은 굉장히 어려운 일이라고 생각한다. 문화를 단한 권의 책에 담아낸다는 것 역시 그런 어려운 일 중의 하나라고 생각한다. 이 책이 당신을 문화의 한가운데로 가장 빠르게 데려다 주진 못할 수도 있지만, 첫걸음을 내딛게 해줄 신발이 될 수 있지 않을까.

– 니화 (Niihwa)

래퍼를 꿈꾸는 초행길에 필요한 지도 같다. 멋진 무대와 화려한 음악 이전에 기술자로서 독서를 권장해 본다!

– 만두 (MANDOO)

모호하게 구전되었던 방법론들의 집대성. '랩'에 대한 확실한 이론화를 이뤘다.

– 구도자

말로 설명하기 어려운 박자 타는 방법도 이론적으로 알기 쉽게 풀어냈고, 동영상까지첨부되어 있어 혼자 사경을 헤매고 있는 분들에게 추천한다. 랩의 교과서라고 해도 과언이 아니다.

– 키스에이치 (Keys.H)

랩에 대한 근본적인 고찰, 그리고 프리스타일 랩. '프리스타일 랩' 첫 스텝이 두려운 당신에게 발이 되어 줄 단 한 권의 책. 당신도 프리스타일러가 될 수 있다!

– 네오닉스 (Neonics)

에펠탑, 콜로세움 등 아름다운 건축물들의 설계도를 눈으로 직접 보는 듯한 기분이다. 우리가 평소에 즐겨 듣던 랩 음악들이 예시로 제시되어 있어 더 친근하고 흥미롭게 방법론을 접할 수 있을 것이다.

– 제이키 (J;KEY)

때가 되었다. 이제 누구나 랩을 할 수 있는 시대가 되었다. 술제이의 이 책은 많은 사람들이 랩을 즐길 수 있게 만들 뿐만 아니라 더 나아가 미래의 뮤지션들의 자양분이 될 것이다. 역사를 보고 있다. 가슴이 뛴다.

– 케이케이 (KK)

서문

랩 하는 것이 마치 말하는 것처럼 느껴질 때가 많다. 생각과 감정을 비트 위에서 리드미컬하게 뱉는 모양새가 마치 누군가와 대화하는 것처럼 보이기 때문이다. 랩은 다양하고 세세한 표현으로 메시지를 전달한다는 면에서 또 하나의 언어처럼 여겨진다. 그리고 새로운 언어의 습득은 소리를 내고 그 의미를 이해하며 기록하고 반복하는 과정을 통해서 이루어진다. 랩 음악 역시 소리와 기록, 그리고 반복의 방식으로 익힌다고 볼 수 있다.

한국의 랩/힙합 음악은 이제 낯선 존재가 아니며 TV 예능 소재로만 인식하지도 않는다. 대중음악계 지분도 상당하고 영향력은 갈수록 더 커진다고 본다. 어린 학생들에게도 가장 인기 많은 음악 장르로 자리 잡았다. 특히 입시 교육 위주의 학교생활에 지친 10대 학생들은 자수성가의 새로운 아이콘으로 인식할 정도이다. 물론 그 배경에는 큰 인지도와 금전적 성공을 거둔 랩 스타들이 있지만, 그만큼 랩/힙합 음악에 대한 대중들의 친밀도가 높아진 게 사실이다.

그러자 자연스럽게 래퍼를 꿈꾸는 사람들이 많아지고 다들 랩 잘하는 방법을 찾고 있다. 물론 인터넷을 통해 정보를 구하고 유명 래퍼들의 랩을 따라 하며 익힐 수도 있지만, 아무래도 체계적인 방법 없이는 그 효과에 한계가 있다. 랩 레슨/트레이닝을 통해 실력을 키울 수도 있지만 시간과 돈의 제약으로 그것도 쉽지 않다.

이런 때, 래퍼 술제이가 명쾌한 입문서를 들고 나타났다. 그는 명실공히 대한민국을 대표하는 프리스타일 랩 문화의 전도사이자 지금도 열심히 활동하는 현역 뮤지션이다. 매년 그가 진행하는 프리스타일 데이를 통해 실력파 래퍼들을 배출하는 것은 물론, 그 자신도 다양한 랩 스타일을 선보이며 꾸준히 고민하고 노력하고 있는 실력가이다. 그는 또한 그간 강연과 레슨을 하며 쌓아온 튼튼한 트레이닝 노하우도 가득한 인물이다. 그런 그가 랩을 하려는 사람들을 위해 좋은 입문서를 발표한다니 서문을 쓰는 필자의 입장에서도 뿌듯하다(그와의 인연은 2005년부터 있었다).

　물론 이 책을 읽는 것만으로 실력 있는 래퍼가 될 수 있는 것은 아니다. 이 책이 제시하는 방법을 적극적으로 활용하는 건 당연하고, 그걸 바탕으로 자기만의 방식을 만들어야 원하는 목표에 도달할 수 있다. 또 독자의 입장에서 보면 이미 아는 내용이 꽤 있을 수도 있다. 하지만 완전한 랩 초보자도 그가 제시하는 박자 세는 요령과 기보법을 시작으로 열심히 내용을 따라가다 보면 분명 온전한 래퍼가 될 것이라 믿는다. 이 책은 제목 그대로 '누구나 랩' 할 수 있도록 하는 데 목적이 있으니까.

　랩 인간형으로 불려도 손색없는 술제이가 또 다른 랩 인간으로 태어날 이들을 위한 가이드를 제시한다. 그가 인도하는 랩 음악의 세계로 따라가면 분명 자신의 어법을 가진 래퍼가 될 것이다. 옹알이에서 달변가로 가는 길은 생각보다 멀거나 어렵지 않다. 적어도 이 책의 내용을 충실히 따라가다 보면 알 수 있을 것이다. 언어를 깨치듯 랩을 배워 보자.

언어가 끝나는 곳에서 음악이 시작한다는 말이 있다. 이제 언어가 끝
나는 곳에서 랩이 시작된다.

MC 메타 (가리온)

랩은 인생을 '멋'있게 만든다. 최근 승승장구하는 뮤지션들의 과거와 현재 모습을 비교해보면, 환골탈태했다는 말이 절로 나올 정도로 놀랍게 변했다는 것을 확인할 수 있다. (제법 많은 래퍼들의 이름이 떠오르지 않는가? 굳이 나열해서 디스하지는 않겠다.) 가장 가까운 일례로 필자를 보자. 나는 지독한 박치에다 발음도 좋지 않았다. 촌스러웠고, 사투리 억양이 강했고, 음악에 대한 지식이나 재능도 없었다. 하지만 참 신기하게도 그런 내가 지금 래퍼로 살고 있다. 심지어 외모도 더 젊어졌다. (물론 퇴물이라는 악플도 많지만, 반사!)

래퍼가 될 싹수라고는 조금도 보이지 않던 내가 어떻게 랩에 대한 책을 쓰고 있을까? 이유는 간단하다. 남들보다 랩을 모른다고 생각했기에 오히려 어떻게 하면 랩을 더 잘할 수 있을까 더욱더 연구하고 분석하며 치열하게 고민했기 때문이다. 나처럼 재능 없는 사람도 래퍼가 될 수 있다면, 당신은 훨씬 더 잘할 수 있다고 자신 있게 말해주고 싶다. 우리가 갖고 있는 가능성은 무궁무진하다. 그러므로 '누구나 랩'을 할 수 있다.

처음 랩을 접했을 때 가장 신선하고 충격적으로 느꼈던 것은 바로 자신의 생각이 담긴 가사를 강렬한 리듬감에 실어 표현하던 래퍼들의 자신감 넘치는 모습이었다. 이제 돌아보니 그런 모습은 '나'를 표현하는 즐거움과 내가 최고라는 권능을 마음껏 뽐내는 성취감 때문에 가능했던 것 같다. 그렇다면 그 즐거움과 성취감을 어떻게 하면 맛볼 수 있을까? 이 책에서 그 비결을 차근차근 설명하려고 한다.

랩을 정의하고 이에 대해 설명하는 방식은 각 뮤지션마다 다양하다. 필자 역시 이 책에서 필자 나름의 방법론을 제시하려 한다. (글뿐만 아니라 영상 강의를 통해 이해를 돕고자 하니 책에 실린 QR 코드 영상 강의를 함께 보시기 바란다.) 먼저 가사에 박자를 표시하는 방법을 창안했다. 이 방법을 통해 랩이 흘러가는 속도를 눈으로 읽을 수 있고, 라임과 플로우 배치를 디자인할 수 있으며, 마디 수를 셀 수도 있다. 그리고 드럼의 킥과 스네어를 기준으로 플로우를 만드는 13가지 방법(경우의 수)을 제시했다. 이를 통해 래퍼들이 보통 어떤 리듬을 구사하며 어떻게 플로우를 만드는지 볼 수 있게 했다. 또한 프리스타일 랩에 쉽게 접근하는 방법을 개인적인 경험을 통해 차근차근 설명하며 배틀 랩까지도 도전할 수 있게 도우려고 했다. 프리스타일 랩을 하는 것은 이제 래퍼들의 기본 소양이 되었다. 이 책에 담은 방법론을 익혀 열심히 연습한다면 랩 가사 쓰기와 프리스타일 랩이란 두 마리 토끼를 모두 잡을 수 있을 것이다.

〈Show Me The Money〉 시즌 1이 시작했을 때 많은 래퍼들은 이 방송을 보이콧했다. 하지만 지금은 가장 많은 래퍼들이 참여하는 한국 힙합 씬의 주요한 코스가 되었다. 랩을 강의하는 일 역시 그랬다. 초기에는 랩을 배운다거나, 랩을 강의한다는 말을 듣고 많은 사람들이 거부감을 드러냈다. 하지만 지금은 유수의 대학교에 힙합학과나 랩 전공이 생겨날 정도로 랩을 하나의 학문 체계로 인정하고 있으며, 세계적으로도 꾸준한 연구가 이루어지며 날로 발전하는 양상을 보이고 있다. 이 책 역시도 필자가 숭실대학교 대학원 문화콘텐츠학과 석사 논문으로 쓴 〈랩 창작 방법 – 라임과 플로우를 중심으로〉를 바탕으로 만들어졌다는 것을 밝힌다.

2005년 Miller Groove Day 프리스타일 랩 배틀 대회 우승 후, 수년간 전국을 돌며 그 지역 대학과 문화센터에서 프리스타일 랩과 랩에 대한 세미나와 강연을 진행했다. 그 경험을 바탕으로 영등포구청에 있는 하자센터에서 랩 강좌를 열었고, FNC 아카데미, JYP 엔터테인먼트, 로엔 엔터테인먼트, 한국국제예술원, 한양대 콘서바토리, 호서예술전문학교, 국제대학교, 국립극단, 케이티앤지 상상유니브, 선정릉 시니어센터 등등에서 남녀노소를 가리지 않고 랩 강의를 했다.

지금까지 소명을 갖고 전심전력을 다했던 랩 강의에서 축적된 노하우와 핵심을 이 책 《누구나 랩》에 정리해서 더 많은 사람들에게 가장 실용적인 랩 쓰기 방법을 알리고 싶었다. 랩을 배우고 싶었지만 무엇부터 시작하면 좋을지 모르던 이들이나 랩을 배울 곳이 주변에 마땅치 않았던 이들이 이 책을 읽고 작은 힌트라도 얻었으면 한다. 무엇보다 이 책이 래퍼를 꿈꾸는 많은 분들이 랩의 핵심을 쉽게 이해할 수 있는 계기가 되기를 바라며, 더 나아가 한국 힙합의 발전에도 조금이나마 일조했으면 하는 희망을 가져 본다.

1부

랩 맛보기

랩이란 무엇인가?

《누구나 랩》은 말 그대로 누구나 쉽게 랩을 실용적으로 배울 수 있는 방법을 알려주는 데 초점을 맞춘 책이다. 1부는 그 취지에 맞게 독자들이 가볍게 읽으면서 따라 하는 동안 '아, 이렇게 하면 랩을 쉽게 쓸 수 있겠구나' 하고 생각하기를 바라며 썼다. 그만큼 랩의 알짜만 뽑아서 쉽게 설명하려고 했다.

필자는 환갑을 훌쩍 넘기신 시니어센터 어르신부터 랩을 전혀 모르는 국립극단 청소년, 엔터테인먼트 외국인 연습생에 이르기까지 정말 다양한 장소에서 랩에 대한 기본 지식이 없는 분들을 대상으로 제법 많은 랩 강의를 해왔다. 그래서 그때마다 랩이 정말 쉽고, 재밌고, 누구나 할 수 있다는 것을 어떻게 설명할지 고민했다. 랩에 대해 강의한 시간이 어느덧 12년이 넘어 간다. 이 책에 실린 내용은 그 무수한 강의의 결과물이다. 여러분도 찬찬히 읽고 따라 하다 보면 쉽게 랩을 배울 수 있을 것이다.

랩을 하려면 우선 랩이 무엇인지 그 개념부터 알아야 한다. 랩을 구성하는 3가지 요소는 '메시지, 라임, 플로우'다. 메시지는 '본인이 쓴 글', 라임은 '비슷한 소리가 나는 단어', 플로우는 '박자에 맞춰 읽기'라고 가볍게 정의할 수 있다. (2부에서 각각의 요소에 대해 더 자세히 다뤘다.)

랩을 정의하고 설명하는 방법은 다양하다. 문화, 음악, 시, 철학, 주술, 자기 자신, 힙합을 표현하는 보컬의 한 장르, 복합체, 본능, 리듬, 학문, 타악기에 가까운 소리, 반복이 주는 쾌락 등등 정말 다양한 측면에서 랩을 정의하고 설명할 수 있다. 하지만 이 책의 목적은 랩을 쓰는 방법을 쉽게 알리는 것이다. 따라서 랩의 3가지 구성 요소에 맞춰 아주 단순하게 **'라임을 넣은 글을 박자에 맞춰 읽는 것'이라고 랩을 정의하고 싶다.**

시, 소설, 수필, 시나리오, 희곡 등 문학 작품은 그 표현 방식에 따라 쓰는 방법이 각기 다르기 때문에 각각의 글을 잘 쓰기 위해서는 그에 맞는 방법을 연구해야 한다. '라임을 넣은 글을 박자에 맞춰 읽는' 랩 역시 마찬가지이다. 라임도 자음 라임, 모음 라임, 다음절 라임 등 그 형식이 다양하다. 글에 맞는 라임을 조화롭게 넣으려면 엄청난 연습이 필요하다. 박자를 타며 읽는 것 역시 결코 쉽지 않다. 박자도 엇박, 정박, 빠르게, 느리게, 느리다가 빠르게, 빠르다가 느리게, 일정하게, 변칙적으로 등 타는 방식이 무궁무진하기 때문에 그에 맞게 익히고 표현하기 위해서는 피나는 노력을 해야 한다. 랩을 해본 사람은 알 것이다. 랩을 시작하는 것은 쉽지만. 랩은 하면 할수록 어려워지고, 고민이 늘고, 기준이 높아지고, 이 복합체를 어떻게 조화롭게 만들지 밤 새워 고심하게 된다는 것을. 처음부터 겁을 줘서 미안하다. **1부에서는 누구나 랩을 할 수 있다는 자신감을 심어주는 차원에서 첫 출발점을 제시하겠다. 복잡한 기술보다는 누구나 갖고 있는 순수한 역량 안에서 할 수 있는 가장 기초적이고 쉬운 랩 쓰기부터 시도하려고 한다.** 이제 머리 아픈 생각은 잠시 잊고, 그저 랩을 가지고 논다는 생각으로 가볍게 시작해보자.

음보율 글쓰기

1. 4음보율 글쓰기 (붐뱁[1] 비트 응용)

랩 가사 쓰는 법을 본격적으로 익히기 전에 먼저 박자에 대한 이해를 글로써 돕기 위해 시의 음보율을 설명하려고 한다. 음보율은 시를 읽을 때 끊어 읽는, 운율을 이루는 기본 단위를 말한다. 보통 3음절이나 4음

---

[1] 붐뱁(BoomBap)은 90년대 동부 힙합에서 주로 보이던 스타일이다. 드럼 소리를 '붐 뱁 붐붐 뱁'으로 표현하는 의성어에서 그 어원을 찾을 수 있다. 붐뱁은 둔탁한 드럼이 루프(loop)로 단순하게 반복되는 것이 특징이다. BPM은 90 정도이며, 주로 4/4박자 정박이다.

절이 끊어 읽는 하나의 단위가 되어 음보율을 이룬다. 쉽게 말해 3음절 4음보의 글을 쓴다고 하면, 3글자씩 4번 끊어 읽을 수 있는 글을 쓰는 것이다. 예를 들자면 다음과 같다.

4번씩 ✓ 끊어서 ✓ 가사를 ✓ 적는다 ✓

설레어 ✓ 마음이 ✓ 조금씩 ✓ 젖는다 ✓

위 예문을 시나 랩이라고 할 수는 없지만, 리듬이 있는 글이라고 말할 수는 있다. 랩 가사 쓰기를 익히기 전에 시의 음보율을 예로 든 것은 음보율이 랩의 박자를 이해하는 데 도움이 되기 때문이다. 위의 예문처럼 글을 일정하게 끊어서 읽으면 리듬감이 생긴다는 것을 알 수 있다. 힙합곡은 보통 4/4박자를 많이 쓰는데 4음보 형식과 닮아 있다. 이해를 돕기 위해 1음보를 한 박자라고 생각하자. 한 박자 안에 몇 글자를 넣을지 시도해 보고 박자를 타는 연습으로 4음보율 가사 쓰기를 하는 것이다.[2]

앞에서 랩을 '라임을 넣은 글을 박자에 맞춰 읽는 것'이라고 간단히 정

---

[2] 간혹 한 마디 안에 몇 글자가 들어가야 하는지 궁금해 하는 분들이 있다. 4/4박자 8비트의 곡일 경우 드럼의 하이엣 하나당 2음절씩 넣는다는 가정 하에 – 8비트는 한 마디에 하이엣이 8개라는 의미이므로 – 8비트 × 2음절=16음절로 계산 – 한 마디에 16글자 정도가 들어간다고 말할 수도 있다. 또 박자를 점이나 숫자로 표시해서 거기에 맞춰 가사 쓰기를 할 수도 있다. 하지만 간단히 말해 한 마디 안에 들어갈 정해진 글자 수는 없으며 얽매일 필요도 없다. 글자 수가 많으면 빠르게 발음하고, 느리면 천천히 늘어지게 읽으면 된다. **쉽게 설명하기 위해 한 음보에 들어갈 글자 수를 정한 것뿐이다. 박자를 이해한 후에는 글자 수나 정해진 규칙은 잊고, 반드시 본인의 느낌과 감각에 따라 랩을 하기를 권한다.**

의했다. 이제 비트를 들으며 박자에 맞춰 가사를 뱉는[3] 연습을 하기 전에 몸 풀기 정도 수준으로 랩에 접근해 보겠다.

노래 반주에서 박자는 리듬 악기인 드럼을 그 기준으로 정한다. (드럼의 구성요소와 박자에 대한 자세한 내용은 2부에서 다뤘다.) 박자를 맞춘다는 것은 랩 가사가 드럼의 속도와 조화를 이루는 것을 말한다. 아주 간단히 말해 드럼의 킥과 스네어와 랩이 같은 속도로 흘러가는 것이다.[4] 킥과 스네어는 드럼의 구성 요소 중 가장 두드러지게 들리는 '쿵'과 '딱' 소리를 내는 부분의 명칭이다. 킥은 '쿵' 소리, 스네어는 '딱' 소리로 표현한다. 반주를 듣고 가사를 랩으로 뱉기 전에 4음보 형식의 글을 무반주로 끊어 읽으면서 그 느낌을 설명하도록 하겠다. 그 다음에 1음보마다 박수를 치며 글을 읽고, 비트에 박자를 맞춰 뱉는 연습을 하겠다.

누✓구✓나✓랩✓

할✓수✓있✓게✓

두✓근✓대✓네✓

잠✓도✓잊✓게✓

---

[3] 《누구나 랩》에서 자주 나오는 랩을 '뱉는다'는 용어의 의미는 노래에서의 가창과 같은 의미로 볼 수 있다. 발성을 통해 소리를 크게 내고, 창작자의 특색 있는 발음으로 가사를 전달하는 방법과 기술을 통틀어 '뱉는다'라고 사용했다.

[4] 더 자세하게는 드럼의 하이엣까지 표시해서 분석할 수 있지만, 기본적으로 드럼의 킥과 스네어를 먼저 이야기하겠다.

위의 예시를 참고하여 아래에 본인의 글을 적고 읽어 보기 바란다.

✓ ✓ ✓ ✓

✓ ✓ ✓ ✓

✓ ✓ ✓ ✓

✓ ✓ ✓ ✓

마찬가지로 아래 예시를 참고하여 본인의 2음절, 4음보의 글을 적고 읽어 보기 바란다.

음보 ✓ 따라 ✓ 글을 ✓ 쓰니 ✓

리듬 ✓ 감이 ✓ 생겨 ✓ 난다 ✓

음악 ✓ 따라 ✓ 살다 ✓ 보니 ✓

웃음 ✓ 꽃이 ✓ 피어 ✓ 난다 ✓

✓ ✓ ✓ ✓

✓ ✓ ✓ ✓

✓ ✓ ✓ ✓

✓ ✓ ✓ ✓

이어서 아래 예시를 참고하여 본인의 3음절, 4음보의 글을 적고 읽어 보기 바란다.

걷고 또 ✓ 걸었지 ✓ 삭막한 ✓ 사막을 ✓

그러다 ✓ 만났지 ✓ 꽃 닮은 ✓ 사람을 ✓

갖가지 ✓ 색깔로 ✓ 채우네 ✓ 내 삶을 ✓

숨 쉬듯 ✓ 내게 줘 ✓ 평화와 ✓ 사랑을 ✓

✓ ✓ ✓ ✓

✓ ✓ ✓ ✓

✓ ✓ ✓ ✓

✓ ✓ ✓ ✓

이제 4음절, 4음보의 글을 적고 읽어 보기 바란다.

혼자일 때 ✓ 내 감정은 ✓ 모가 나고 ✓ 울퉁불퉁 ✓

널 껴안고 ✓ 있을 때면 ✓ 슈크림 빵 ✓ 향기가 나 ✓

불안하고 ✓ 두려워서 ✓ 작은 일도 ✓ 울고불고 ✓

하던 내가 ✓ 단풍처럼 ✓ 부끄러워 ✓ 울긋 불긋 ✓

✓ ✓ ✓ ✓

✓ ✓ ✓ ✓

이를 응용해서 1음보 안에 들어갈 글자 수를 자유롭게 선택해서 적어
보고 읽어 보기 바란다.[5]

내일부터 ✓ 한단 말은 ✓ 실패의 ✓ 지름길 ✓
결단과 ✓ 행동이 ✓ 나태를 ✓ 앞지르길 ✓
래퍼가 ✓ 게으르면 ✓ 가장 큰 ✓ 죄악 ✓
나에게 ✓ 빗발치듯 ✓ 들어오는 ✓ 제안 ✓

위의 예시를 참고해 본인의 글을 적고 읽어 보기 바란다.

---

[5] 1음보에 들어갈 글자 수를 정해서 글을 적을 필요는 없다. 처음에는 설명의 편의와 반복을 극대화하기 위해서 동일한 글자 수를 적었지만, 이번에는 본인의 리듬대로 음절을 선택해서 글을 적어 보자. 1음보에 몇 글자(1글자, 2글자, 3글자, 4글자 혹은 그 이상의 글자 수)를 넣을지 자유롭게 선택하면 된다.

필자가 예로 쓴 글, 혹은 여러분이 직접 쓴 글은 음보를 끊어 읽을 때 반복되는 리듬감이 생겨나는 것을 느낄 수 있을 것이다. (음절수는 5음절, 6음절 혹은 그 이상도 가능하지만, 랩의 속도가 너무 빠를 수 있어서 4음절에서 예시를 그칠 뿐이니 그 이상을 시도해도 좋다.) 2017년에 유행하는 트랩 뮤직의 랩 형식 역시 어찌 보면 단순하게 느껴질 정도로 음보율의 형식과 닮아 있다는 것도 알 수 있다. 하지만 박자를 타는 것은 그보다 훨씬 복잡하고 다양한 스킬을 요구한다. 지금은 그저 랩의 형식을 살짝 맛보는 단계이다.

그렇다면 반주, 그러니까 박자에 맞춰서 자신이 쓴 글을 읽는 것은 어떤 느낌일까? 앞서 설명한대로 박자에 맞춰 글을 읽는 것은 가장 단순하게 말하자면, 드럼이 흘러가는 속도와 본인이 쓴 글을 뱉는 속도를 똑같이 맞추는 것이다. 박수를 치면서 우리가 적은 글을 다시 읽어 보자. 음보율을 나타내기 위해 쓴 '✔' 표시 안에 킥(.)과 스네어(/)로 박자를 표시해 보았다. '.'과 '/'는 필자가 제시하는 드럼의 킥(.)과 스네어(/)[6]를 나타내는 박자 표시 방법이다. 아래 예문에서는 음보 안의 제일 첫 글자 뒤에 킥(.)과 스네어(/)를 표시했다. 즉 글의 속도와 드럼의 속도를 맞춘

---

[6]　음보율 ✔ 표시와 드럼을 나타내는 킥(.)과 스네어(/) 표시를 함께 적는 것은 음보와 음악에서의 드럼을 구분하기 위해서이다. **무반주로 글을 끊어 읽으며 리듬감을 느껴 보기 위해 음보율을 사용했지만 랩에서는 드럼의 킥과 스네어를 더욱 잘 듣고 활용해야 한다. 그러므로 음보와 드럼은 구분해서 읽고 차차 음보가 아니라 드럼이 있는 비트 위에서 랩 하는 데 익숙해지기를 바란다.**

누구나 랩

다는 표시이다.[7]

1음절 글자에 킥(.)과 스네어(/)를 표시한 후 박수를 치면서 속도에 맞춰서 읽어 보자. 킥(.)과 스네어(/) 표시마다 박수를 치면 된다.

누. ✓ 구/ ✓ 나. ✓ 랩/ ✓

할. ✓ 수/ ✓ 있. ✓ 게/ ✓

두. ✓ 근/ ✓ 대. ✓ 네/ ✓

잠. ✓ 도/ ✓ 잊. ✓ 게/ ✓

2음절의 첫 번째 글자에 킥(.)과 스네어(/)를 표시한 후 박수를 치면서 속도에 맞춰서 읽어 보자. 킥(.)과 스네어(/) 표시마다 박수를 치면 된다.

음.보 ✓ 따/라 ✓ 글.을 ✓ 쓰/니 ✓

리.듬 ✓ 감/이 ✓ 생.겨 ✓ 난/다 ✓

음.악 ✓ 따/라 ✓ 살.다 ✓ 보/니 ✓

웃.음 ✓ 꽃/이 ✓ 피.어 ✓ 난/다 ✓

---

7 글자 뒤에 킥(.)과 스네어(/)를 표시하는 것은 그 글자와 동일한 타이밍에 드럼의 킥(.)과 스네어(/)가 나오는 것을 의미한다. 그 글자가 드럼의 킥(.)과 스네어(/)와 동일한 타이밍에 부딪친다고 생각하자.

3음절의 첫 번째 글자에 킥(.)과 스네어(/)를 표시한 후 박수를 치면서 속도에 맞춰서 읽어 보자. 킥(.)과 스네어(/) 표시마다 박수를 치면 된다.

걷.고 또 ✓ 걸/었지 ✓ 삭막한 ✓ 사/막을 ✓

그.러다 ✓ 만/났지 ✓ 꽃. 닮은 ✓ 사/람을 ✓

갖.가지 ✓ 색/깔로 ✓ 채.우네 ✓ 내/ 삶을 ✓

숨. 쉬듯 ✓ 내/게 줘 ✓ 평.화와 ✓ 사/랑을 ✓

4음절의 첫 번째 글자에 킥(.)과 스네어(/)를 표시한 후 박수를 치면서 속도에 맞춰서 읽어 보자. 킥(.)과 스네어(/) 표시마다 박수를 치면 된다.

혼.자 일 때 ✓ 내/ 감정은 ✓ 모.가 나고 ✓ 울/퉁불퉁 ✓

널. 껴안고 ✓ 있/을 때면 ✓ 슈.크림 빵 ✓ 향/기가 나 ✓

불.안하고 ✓ 두/려워서 ✓ 작.은 일도 ✓ 울/고불고 ✓

하.던 내가 ✓ 단/풍처럼 ✓ 부.끄러워 ✓ 울/긋 불긋 ✓

자유롭게 쓴 음절의 첫 번째 글자에 킥(.)과 스네어(/)를 표시한 후 박수를 치면서 속도에 맞춰서 읽어 보자. 킥(.)과 스네어(/) 표시마다 박수를 치면 된다.

여러분이 적은 글에도 음보 안의 제일 첫 글자마다 킥(.)과 스네어(/)를 표시해 보자. 음보에 맞춰서 쓴 글을 읽을 때는 무반주로 음보를 끊어 읽기에만 집중했다면, 이번에는 박수를 치며 킥과 스네어 박자에 맞춰 읽어 보자. 박수를 치는 타이밍에 맞춰 킥(.)과 스네어(/)가 표시된 글자를 읽어 보기 바란다.

여러분은 지금 박자에 맞춰 자신이 쓴 글을 읽고 있는 것이다. 단순해 보이지만 그만큼 쉽게 랩에 한 발짝 발을 내디딜 수 있다. 이번엔 비트를 틀고 랩을 해 보겠다.

예문에서는 임의로 첫 번째 글자에 킥과 스네어를 표시했을 뿐이다. 더 다양한 리듬감을 경험하고 싶다면 위의 방법을 응용해 탁자 맞추기 연습이 가능하다. 이번엔 음보 안의 글자 중 두 번째 글자 뒤에 킥(.)과 스네어(/) 표시를 하고 박수를 치며 속도에 맞춰서 읽어 보자. 1음절은 두 번째 글자가 없으므로 다른 리듬감을 익히기 위해 글자 앞에 드럼을 표시하는 예시를 들겠다.

1음절의 글자 앞에 킥(.)과 스네어(/)를 표시한 후 박수를 치면서 속도
에 맞춰서 읽어 보자. 킥(.)과 스네어(/) 표시마다 박수를 치면 된다.[8]

.누 ✓ /구 ✓ .나 ✓ /랩 ✓

.할 ✓ /수 ✓ .있 ✓ /게 ✓

.두 ✓ /근 ✓ .대 ✓ /네 ✓

.잠 ✓ /도 ✓ .잊 ✓ /게 ✓

2음절의 두 번째 글자에 킥(.)과 스네어(/)를 표시한 후 박수를 치면
서 속도에 맞춰서 읽어 보자. 킥(.)과 스네어(/) 표시마다 박수를 치면
된다.

음보. ✓ 따라/ ✓ 글을. ✓ 쓰니/ ✓

리듬. ✓ 감이/ ✓ 생겨. ✓ 난다/ ✓

음악. ✓ 따라/ ✓ 살다. ✓ 보니/ ✓

웃음. ✓ 꽃이/ ✓ 피어. ✓ 난다/ ✓

3음절의 두 번째 글자에 킥(.)과 스네어(/)를 표시한 후 박수를 치면서

---

8 드럼의 킥(.)과 스네어(/) 위치에 따라 리듬감이 다양하게 달라짐을 알 수 있다. 1음절을 예시로 했지만 그 이
상의 음절에서도 제일 첫 글자 앞에 드럼의 킥(.)과 스네어(/) 표시를 할 수 있으며 '뒤로 미는 리듬감'을 표현할 수
있다.

　　　　　　　　　　　　　　　　　　　　　　　　누구나 랩

속도에 맞춰서 읽어 보자. 킥(.)과 스네어(/) 표시마다 박수를 치면 된다.

걷고. 또 ✔ 걸었/지 ✔ 삭막.한 ✔ 사막/을 ✔

그러.다 ✔ 만났/지 ✔ 꽃 닮.은 ✔ 사람/을 ✔

갖가.지 ✔ 색깔/로 ✔ 채우.네 ✔ 내 삶/을 ✔

숨 쉬.듯 ✔ 내게/ 줘 ✔ 평화.와 ✔ 사랑/을 ✔

4음절의 두 번째 글자에 킥(.)과 스네어(/)를 표시한 후 박수를 치면서 속도에 맞춰서 읽어 보자. 킥(.)과 스네어(/) 표시마다 박수를 치면 된다.

혼자. 일 때 ✔ 내 감/정은 ✔ 모가. 나고 ✔ 울퉁/불퉁 ✔

널 껴.안고 ✔ 있을/ 때면 ✔ 슈크.림 빵 ✔ 향기/가 나 ✔

불안.하고 ✔ 두려/워서 ✔ 작은. 일도 ✔ 울고/불고 ✔

하던. 내가 ✔ 단풍/처럼 ✔ 부끄.러워 ✔ 울긋/ 불긋 ✔

자유롭게 쓴 음절의 두 번째 글자에 킥(.)과 스네어(/)를 표시한 후 박수를 치면서 속도에 맞춰서 읽어 보자. 킥(.)과 스네어(/) 표시마다 박수를 치면 된다.

내일.부터 ✔ 한단/ 말은 ✔ 실패.의 ✔ 지름/길 ✔

여러분이 적은 글도 음보 안의 두 번째 글자마다 킥(.)과 스네어(/)를 표시하여 연습해 보기 바란다. 음보에 맞춰서 쓴 글을 읽을 때 무반주로 음보를 끊어 읽기에만 집중했다면, 이번에는 박수를 치며 킥과 스네어 박자에 맞춰 읽어 보자. 박수를 치는 타이밍에 맞춰 킥(.)과 스네어(/)가 표시된 글자를 읽으면 된다. 임의로 두 번째 글자에 킥과 스네어를 표시했을 뿐이니 이를 다양하게 응용한 박자 맞추기 연습도 가능하다. 이번에는 음보 안의 글자 중 세 번째 글자 뒤에 킥(.)과 스네어(/) 표시를 하고 박수를 치며 속도에 맞춰서 읽어 보겠다. (글수가 적은 1음절, 2음절은 생략한다.)

3음절의 세 번째 글자에 킥(.)과 스네어(/)를 표시한 후 박수를 치면서 속도에 맞춰서 읽어 보자. 킥(.)과 스네어(/) 표시마다 박수를 치면 된다.

갖가지. ✓ 색깔로/ ✓ 채우네. ✓ 내 삶을/ ✓

숨 쉬듯. ✓ 내게 줘/ ✓ 평화와. ✓ 사랑을/ ✓

4음절의 세 번째 글자에 킥(.)과 스네어(/)를 표시한 후 박수를 치면서 속도에 맞춰서 읽어 보자. 킥(.)과 스네어(/) 표시마다 박수를 치면 된다.

혼자 일. 때 ✓ 내 감정/은 ✓ 모가 나.고 ✓ 울퉁불/퉁 ✓

널 껴안.고 ✓ 있을 때/면 ✓ 슈크림. 빵 ✓ 향기가/나 ✓

불안하.고 ✓ 두려워/서 ✓ 작은 일.도 ✓ 울고불/고 ✓

하던 내.가 ✓ 단풍처/럼 ✓ 부끄러.워 ✓ 울긋 불/긋 ✓

자유롭게 쓴 음절의 세 번째 글자에 킥(.)과 스네어(/)를 표시한 후 박수를 치면서 속도에 맞춰서 읽어 보자. 킥(.)고- 스네어(/) 표시마다 박수를 치면 된다. (글자 수가 1음절, 2음절인 경우 임의로 음절의 끝에 킥(.)과 스네어(/)를 표시한다.)

내일부.터 ✓ 한단 말/은 ✓ 실패의. ✓ 지름길/ ✓

결단과. ✓ 행동이/ ✓ 나태를. ✓ 앞지르/길 ✓

래퍼가. ✓ 게으르/면 ✓ 가장 큰. ✓ 죄악/ ✓

나에게. ✓ 빗발치/듯 ✓ 들어오.는 ✓ 제안/ ✓

　　여러분이 적은 글에도 음보 안의 세 번째 글자마다 킥(.)과 스네어(/)를 표시하기 바란다. 음보에 맞춰서 쓴 글을 읽을 때는 무반주로 음보를 끊어 읽기에만 집중했다면 이번엔 박수를 치며 킥과 스네어 박자에 맞춰 읽어 보자. 박수를 치는 타이밍에 맞춰 킥(.)과 스네어(/)가 표시된 글자를 읽어보기 바란다. 비트에 맞춰서도 뱉어 보자.

　　다양하게 응용하며 박자 맞추기 연습이 가능하다. 이번에는 음보 안의 글자 중 자신이 넣고 싶은 글자 뒤에 자유롭게 킥(.)과 스네어(/) 표시를 하고, 박수를 치며 맞춰서 읽어 보겠다. 음절을 정하지 않고 자유롭게 적은 가사를 예시로 들었다. 여러분도 음절을 정하지 않고 자유롭게 적은 글에 킥(.)과 스네어(/) 표시를 하고, 읽어 보기 바란다.

①

내.일부터 ✓	한단/ 말은 ✓	실패.의 ✓	지름길/ ✓
결단.과 ✓	행동이/ ✓	나태.를 ✓	앞지/르길 ✓
래.퍼가 ✓	게/으르면 ✓	.가장 큰 ✓	죄/악 ✓
나.에게 ✓	빗발/치듯 ✓	들어.오는 ✓	제안/ ✓

②

①번과 ②번은 모두 자유롭게 킥(.)과 스네어(/)를 표시한 예시이다. 미묘하지만 어디에 킥(.)과 스네어(/)가 있느냐에 따라 박자감이 달라지는 것을 알 수 있다. 가사를 쓸 때 꼭 어떤 박자감이 좋

다, 라고 단정 지을 수는 없다. 그리고 똑같은 한 줄의 글도 정말 다양한 경우의 수로 플로우를 만들 수 있다. 여러분도 다양하게 시도하며 박자를 타고 랩을 해 보기 바란다. 많이 듣고, 쓰다 보면 자신에게 익숙한 리듬을 찾게 되면서 좋은 리듬과 별로인 리듬을 구분할 수 있다.

다음은 기존 랩에 킥(.)과 스네어(/)를 표시한 예이다. 킥(.)과 스네어(/)를 유념해서 음악을 듣고 따라 불러보기 바란다.

얼굴.은 빨갛고/ 온몸엔 피.가 돌아 /

술에 취.한 내 코의/ 모양은 피.카소가 /

그린 그.림처럼 삐/뚤어졌을.진 몰라/도

결국엔. 이런 게/ 돈이 될.지 몰라/

똑같.은 주제/ 똑같.은 느/낌

동양.의 2cha/inz man i'm al.so di/fferent

동양.의 dali / but i'm 2.1 c/entury

누구든. 이걸 듣는/다면 놀라.겠지 흠/칫

절대. 훔칠 수 없/는 내 i.dentity/

예술.가들은 이/게 뭔지 알.겠지/

겁이 없.고 과감한/ 어린아.이의 fe/el

난 오.늘 밤 마/치 . /

— 빈지노Beenzino의 〈Dali, Van, Picasso〉의 랩 중 일부[9]

. 길/지 않은 시.간 안에 많/은

것 .을 이뤄냈/지 간절.하게 원하/는 걸

. 다 하/고 살 수 있.다는 확/신

---

9   빈지노, 《Dali, Van, Picasso》 앨범 1번 트랙. (2013).

                                              누구나 랩

그 전.까진 혼/자 불안.감에 봉/착

. 닫/힌 .생각에 갇/힌

. 채로 살았/던 난 거울.을 쳐다봤/지

. 그/때 뭔가 혼.잣말/ 하고선

반.년 만에 옥/탑방. /

에서 방 세. 개짜리 아/파트로 이.사했지/

욕조가 있.는 집으로/ 가는 게 꿈.이었지/

그러고 보.니 작년 음/원 차트 1.위 곡이 세/ 개네

.내 주변 사/람들 부.모님도 대/견하

. 해 / 내 자신도. 신기해/

하지만 얼.마 안 가/ 불안하고. 진짜 해/

이게 오.래갈런지/   . /

언제나 영.원할런지/   .   /

— 그레이GRAY의 〈하기나 해(Feat. 로꼬)〉의 랩 중 일부[10]

지금까지는 주로 붐뱁 비트에서 탈 수 있는 박자 감각을 바탕으로 4음

---

10 그레이, 《grayground. 01》 앨범 1번 트랙. (2015).

보율 가사 쓰기를 해 보았다. 다음으로 트랩 비트에서 활용 가능한 6음보, 8음보 가사 쓰기를 해 보겠다.[11]

2. 6음보율 글쓰기 (트랩[12] 비트 응용)

붐뱁 비트에 비해 트랩 비트는 그 속도가 느리기에 음보를 6음보와 8음보로 늘려서 작사 연습을 한다. 트랩 비트가 붐뱁 비트보다 한 마디가 흘러가는 시간이 좀 더 오래 걸리기 때문에 음보를 더 늘린 것이다. 먼저 6음보 가사 쓰기를 해 보겠다. 방식은 4음보 글쓰기와 같다.

1음절, 6음보의 글을 적고 읽어 보기 바란다.

누✓구✓나✓어✓려✓운✓

시✓절✓이✓있✓지✓만✓

---

11   붐뱁 비트에 비해 트랩 비트는 속도가 느린 편이다. 4음보로 쓴 랩을 트랩 비트의 킥과 스네어에 맞춰서 뱉게 되면 랩의 속도가 너무 느려진다. 그래서 음보 수를 더 늘려 한 줄에 6음보와 8음보 글쓰기를 해 보겠다. 박자의 한 마디 개념으로 봤을 때는 12음보로 작업을 해야 하지만 형식상 6음보와 12음보가 같기 때문에 보다 간결한 6음보로 작업하겠다. 6음보, 8음보 글쓰기는 붐뱁 비트에도 상호 활용이 가능하다. 방식은 4음보 글쓰기와 똑같다. 다만 트랩 비트 한 박자를 나누는 리듬을 먼저 QR 코드 동영상 강의 예시로 보고 따라 해 보기 바란다.

12   트랩(Trap)은 2000년대 초반 남부 힙합에서 파생했다. '트랩'은 단어 뜻 그대로 '함정, '덫'에서 그 어원을 찾을 수 있다. 마약, 갱, 우범 지역처럼 한 번 들어오면 나갈 수 없는 그들의 출신 지역을 대표하는 의미를 담아 랩을 하는 경우가 많았다. 트랩은 808드럼머신을 주로 써서 웅장하게 울리는 묵직한 사운드가 인상적이다. BPM은 70 정도로 붐뱁에 비해 느리지만 비트를 잘게 쪼개는 드럼 소리 때문에 실제보다 빠르게 느껴지기도 한다. '쿵 치치치 딱 치치치 쿵 치치치 딱 치치치' 정도로 리듬을 표현할 수 있다.

도 ✓ 전 ✓ 과 ✓ 노 ✓ 력 ✓ 은 ✓
보 ✓ 답 ✓ 해 ✓ 잊 ✓ 지 ✓ 마 ✓

위의 예시를 참고해 본인의 글을 적그 읽어 보기 바란다.

✓　　✓　　✓　　✓　　✓　　✓
✓　　✓　　✓　　✓　　✓　　✓
✓　　✓　　✓　　✓　　✓　　✓
✓　　✓　　✓　　✓　　✓　　✓

마찬가지로 2음절, 6음보의 글을 적고 읽어 보기 바란다.

나의 ✓ 겉모 ✓ 습은 ✓ 거친 ✓ 파인 ✓ 애플 ✓
가끔 ✓ 그리 ✓ 워져 ✓ 낯선 ✓ 타인 ✓ 에품 ✓
외롭 ✓ 기에 ✓ 인간 ✓ 이라 ✓ 말하 ✓ 지만 ✓
괴물 ✓ 처럼 ✓ 살던 ✓ 나도 ✓ 인간 ✓ 일뿐 ✓

위의 예시를 참고해 본인의 글을 적고 읽어 보기 바란다.

✓　　✓　　✓　　✓　　✓　　✓
✓　　✓　　✓　　✓　　✓　　✓

✓   ✓   ✓   ✓   ✓   ✓

✓   ✓   ✓   ✓   ✓   ✓

마찬가지로 3음절, 6음보의 글을 적고 읽어 보기 바란다.

과거를 ✓ 반성해 ✓ 써보네 ✓ 과오를 ✓ 지우는 ✓ 깜지를 ✓

어제를 ✓ 죽이고 ✓ 부활해 ✓ 매일 난 ✓ 새롭게 ✓ 태어나 ✓

사람이 ✓ 바뀌긴 ✓ 힘들지 ✓ 그만큼 ✓ 주의를 ✓ 하지 늘 ✓

또다시 ✓ 기회가 ✓ 온다면 ✓ 그때는 ✓ 성공 할 ✓ 테야 난 ✓

위의 예시를 참고해 본인의 글을 적고 읽어 보기 바란다.

✓   ✓   ✓   ✓   ✓   ✓

✓   ✓   ✓   ✓   ✓   ✓

✓   ✓   ✓   ✓   ✓   ✓

✓   ✓   ✓   ✓   ✓   ✓

응용해서 1음보 안에 들어갈 글자 수를 자유롭게 선택해서 적고 읽어 보기 바란다.

길   ✓ 고 ✓ 긴 ✓ 기다 ✓ 림을 ✓ 지나 ✓

너　　✓ 거 ✓ 기 ✓ 있다 ✓ 는걸 ✓ 알아 ✓

손을 ✓ 뻗어 ✓ 당장 ✓ 잡고 ✓ 싶어 ✓ 꿈을 ✓

시간이 ✓ 흘러 ✓ 가도 ✓ 열　 ✓ 정은 ✓ 스물 ✓

위의 예시를 참고해 본인의 글을 적고 읽어 보기 바란다.

✓　　✓　　✓　　✓　　✓　　✓

✓　　✓　　✓　　✓　　✓　　✓

✓　　✓　　✓　　✓　　✓　　✓

✓　　✓　　✓　　✓　　✓　　✓

필자가 예로 쓴 글 혹은 여러분이 직접 쓴 글을 음보를 끊어 읽을 때 반복되는 리듬감이 생겨나는 것을 느낄 수 있다. (음절수는 4음절 이상도 가능하겠지만 랩의 속도가 너무 빠를 수 있어서 3음절에서 예시를 그칠 뿐이니 그 이상을 시도해도 좋다.) 다음으로 음보율을 나타내기 위해 쓴 '✓' 표시 안에 킥(.)과 스네어(/)로 박자를 표시하였다. 음보 안의 제일 첫 글자마다 킥(.)과 스네어(/)를 표시하였고, 3음보씩 나눠서 앞의 3음보에는 킥(.) 표시를 뒤의 3음보에는 스네어(/) 표시를 하였다. 6음보는 한 박자를 3등분한 것을 표현한 것이기 때문이다.

1음절의 첫 번째 글자에 킥(.)과 스네어(/)를 표시한 후 박수를 치면

서 속도에 맞춰서 읽어 보자. 킥(.)과 스네어(/) 표시마다 박수를 치면
된다.

누. ✔ 구. ✔ 나. ✔ 어/ ✔ 려/ ✔ 운/ ✔

시. ✔ 절. ✔ 이. ✔ 있/ ✔ 지/ ✔ 만/ ✔

도. ✔ 전. ✔ 과. ✔ 노/ ✔ 력/ ✔ 은/ ✔

보. ✔ 답. ✔ 해. ✔ 잊/ ✔ 지/ ✔ 마/ ✔

2음절의 첫 번째 글에 킥(.)과 스네어(/)를 표시한 후 박수를 치면서
속도에 맞춰서 읽어 보자. 킥(.)과 스네어(/) 표시마다 박수를 치면 된다.

나.의 ✔ 겉모 ✔ 습은 ✔ 거/친 ✔ 파/인 ✔ 애/플 ✔

가.끔 ✔ 그리 ✔ 워.져 ✔ 낯/선 ✔ 타/인 ✔ 에/ 품 ✔

외.롭 ✔ 기.에 ✔ 인간 ✔ 이/라 ✔ 말/하 ✔ 지/만 ✔

괴.물 ✔ 처.럼 ✔ 살던 ✔ 나/도 ✔ 인/간 ✔ 일/ 뿐 ✔

3음절의 첫 번째 글자에 킥(.)과 스네어(/)를 표시한 후 박수를 치면서
속도에 맞춰서 읽어 보자. 킥(.)과 스네어(/) 표시마다 박수를 치면 된다.

과.거를 ✔ 반.성해 ✔ 써.보네 ✔ 과/오를 ✔ 지/우는 ✔ 깜/지를 ✔

어.제를 ✔ 죽.이고 ✔ 부.활해 ✔ 매/일 난 ✔ 새/롭게 ✔ 태/어나 ✔

사.람이 ✓ 바.뀌긴 ✓ 힘.들지 ✓ 그/만큼 ✓ 주/의를 ✓ 하/지 늘 ✓

또.다시 ✓ 기.회가 ✓ 온.다면 ✓ 그/때는 ✓ 성/공 할 ✓ 테/야 난 ✓

　자유롭게 쓴 음절의 첫 번째 글자에 킥(.)과 스네어(/)를 표시한 후 박수를 치면서 속도에 맞춰서 읽어 보자. 킥(.)고- 스네어(/) 표시마다 박수를 치면 된다.

길.　　✓ 고.　✓ 긴.　✓ 기/다 ✓ 림/을 ✓ 지/나 ✓

너.　　✓ 거.　✓ 기.　✓ 있/다 ✓ 는/ 걸 ✓ 알/아 ✓

손.을　✓ 뻗.어 ✓ 당.장 ✓ 잡/고 ✓ 싶/어 ✓ 꿈/을 ✓

시.간이 ✓ 흘.러 ✓ 가.도 ✓ 열/　✓ 정/은 ✓ 스/물 ✓

　이번엔 박수를 치며 킥과 스네어 탁자에 맞춰 읽어 보자. 그런데 트랩 비트 위에서는 이 6음보 가사를 어떤 리듬으로 읽어야 할까? 4음보 때와 는 그 리듬이 다르므로 동영상 강의를 통해 그 리  듬을 먼저 익히고 박수를 치면서 본인이 쓴 글 혹은 필자가 예시로 든 글을 뱉어 보기 바란다. 박수를 치면서 랩을 한 다음에는 비트를 틀고 랩을 해 보자.

　임의로 첫 번째 글자에 킥과 스네어를 표시했을 뿐이니 4음보 글쓰기에서 예시를 든 것처럼 다양하게 응용하며 박자 맞추기 연습을 해도 된다. 두 번째, 세 번째 글자 뒤에 킥과 스네어 표시를 해서 랩을 당기거나, 글자 앞에 킥과 스네어 표시를 해서 랩을 뒤로 밀어낼 수도 있다. 지금은 우선 첫 번째 글자에 박자를 맞추는 연습을 하면서 기본 박자 감각을 키우는 데 집중하자. 다만 랩 맛보기를 통해 랩을 접한 분들의 랩이 너무 정형화되거나 단순해질 수 있기 때문에 기본기를 익힌 후에는 본인의 느낌대로 박자를 밀거나 당기면서 자유롭게 랩을 표현하기 바란다. 본인의 리듬을 틀에 얽매이지 않고 본능적으로 표현하게 될 것이다. 다음으로 8음보 글쓰기를 해 보겠다.

3. 8음보율 글쓰기 (트랩 비트 응용)

8음보율 글쓰기는 트랩 비트를 타는 데 보다 쉽게 응용해서 쓸 수 있다. 방식은 4음보 글쓰기와 마찬가지로 8음보 형식의 글을 쓰고 읽어 보자. 그 후 1음보마다 박수를 치고 글을 읽으면서 박자를 맞추는 연습을 하겠다.

1음절, 8음보의 글을 적고 읽어 보기 바란다.

사✓람✓들✓이✓아✓주✓쉽✓게✓

이✓해✓할✓수✓있✓길✓바✓래✓

내 ✓ 가 ✓ 했 ✓ 던 ✓ 시 ✓ 행 ✓ 착 ✓ 오 ✓

겪 ✓ 지 ✓ 않 ✓ 고 ✓ 누 ✓ 구 ✓ 나 ✓ 랩 ✓

위의 예시를 참고해 본인의 글을 적고 읽어 보기 바란다.

✓ ✓ ✓ ✓ ✓ ✓ ✓ ✓

✓ ✓ ✓ ✓ ✓ ✓ ✓ ✓

✓ ✓ ✓ ✓ ✓ ✓ ✓ ✓

✓ ✓ ✓ ✓ ✓ ✓ ✓ ✓

마찬가지로 2음절, 8음보의 글을 적고 읽어 보기 바란다.

사람 ✓ 들이 ✓ 아주 ✓ 쉽게 ✓ 이해 ✓ 할수 ✓ 있길 ✓ 바래 ✓

내가 ✓ 했던 ✓ 시행 ✓ 착오 ✓ 겪지 ✓ 않고 ✓ 누구 ✓ 나랩 ✓

새벽 ✓ 공기 ✓ 시원 ✓ 하게 ✓ 잠을 ✓ 쫓아 ✓ 보내 ✓ 주네 ✓

꿈을 ✓ 따라 ✓ 가다 ✓ 보니 ✓ 작가 ✓ 되어 ✓ 책도 ✓ 쓰네 ✓

위의 예시를 참고해 본인의 글을 적고 읽어 보기 바란다.

✓ ✓ ✓ ✓ ✓ ✓ ✓ ✓

✓ ✓ ✓ ✓ ✓ ✓ ✓ ✓

✓ ✓ ✓ ✓ ✓ ✓ ✓ ✓
✓ ✓ ✓ ✓ ✓ ✓ ✓ ✓

마찬가지로 3음절, 4음보의 글을 적고 읽어 보기 바란다.

인생은 ✓ 단순해 ✓ 채웠다 ✓ 비우고 ✓ 왔다가 ✓ 떠나지 ✓ 공수래 ✓ 공수거 ✓
백년을 ✓ 살아도 ✓ 신의뜻 ✓ 모르면 ✓ 억만금 ✓ 있어도 ✓ 결국엔 ✓ 헛수고 ✓
웃으면 ✓ 복이와 ✓ 힘들때 ✓ 있지만 ✓ 행복은 ✓ 가까이 ✓ 있으니 ✓ 잡아요 ✓
내사람 ✓ 내사랑 ✓ 여러분 ✓ 고맙고 ✓ 사랑해 ✓ 앞으로 ✓ 더욱잘 ✓ 할게요 ✓

위의 예시를 참고해 본인의 글을 적고 읽어 보기 바란다.

✓ ✓ ✓ ✓ ✓ ✓ ✓ ✓
✓ ✓ ✓ ✓ ✓ ✓ ✓ ✓
✓ ✓ ✓ ✓ ✓ ✓ ✓ ✓
✓ ✓ ✓ ✓ ✓ ✓ ✓ ✓

이를 응용해서 1음보 안에 들어갈 글자 수를 자유롭게 선택해서 적고 읽어 보기 바란다. 1음보에 들어갈 글자 수를 무조건 정해서 글을 적을 필요는 없다. 반복을 극대화하기 위해서 동일한 글자 수를 적었지만 이번에는 본인의 리듬대로 음절을 선택해서 글을 적어 보자.

받은것 ✔ 보다 ✔ 준걸 ✔ 떠올 ✔ 릴때 ✔ 강해 ✔ 지는 ✔ 기억력 ✔

그러니 ✔ 누굴 ✔ 비난 ✔ 하기 ✔ 보다는 ✔ 해줘 ✔ 따뜻한 ✔ 격려 ✔

진짜 ✔ 멋진건 ✔ 겸손 ✔ 하고 ✔ 노력 ✔ 하며 ✔ 성실 ✔ 한것 ✔

끌어 ✔ 당김의 ✔ 법칙과 ✔ 너무도 ✔ 완벽한 ✔ 우주의 ✔ 성질을 ✔ 알것 ✔

위의 예시를 참고해 본인의 글을 적고 읽어 보기 바란다. 1음보에 몇 글자를 (1글자, 2글자, 3글자, 4글자 혹은 그 이상의 글자 수를) 넣을지 자유롭게 선택하면 된다.

✔ ✔ ✔ ✔ ✔ ✔ ✔ ✔

✔ ✔ ✔ ✔ ✔ ✔ ✔ ✔

✔ ✔ ✔ ✔ ✔ ✔ ✔ ✔

✔ ✔ ✔ ✔ ✔ ✔ ✔ ✔

필자가 예로 쓴 글 혹은 여러분이 직접 쓴 글은 음보를 끊어 읽을 때 반복되는 리듬감이 생겨나는 것을 느낄 수 있을 것이다. (음절수는 4음절 5음절 혹은 그 이상도 가능하겠지만, 랩의 속도가 너무 빠를 수 있어서 3음절에서 예시를 그칠 뿐이니 그 이상을 시도해도 좋다.) 이번어는 박수를 치면서 우리가 적은 글을 다시 읽어 보겠다. 음보율을 나타내기 위해 쓴 '✔' 표시 안에 드럼의 킥(.)과 스네어(/)로 박자를 표시한다. 2음보씩 나눠서 앞의 2음보에는 킥(.) 표시를, 뒤의 2음보에는 스네어(/) 표시를 하겠다. 8음보는 한 박자를 2등분한 것을 표현한 것이기 때문이다.

1음절의 첫 번째 글자에 킥(.)과 스네어(/)를 표시한 후 박수를 치면서 속도에 맞춰서 읽어 보자. 킥(.)과 스네어(/) 표시마다 박수를 치면된다.

사. ✔ 람. ✔ 들/ ✔ 이/ ✔ 아. ✔ 주. ✔ 쉽/ ✔ 게/ ✔

이. ✔ 해. ✔ 할/ ✔ 수/ ✔ 있. ✔ 길. ✔ 바/ ✔ 래/ ✔

내. ✔ 가. ✔ 했/ ✔ 던/ ✔ 시. ✔ 행. ✔ 착/ ✔ 오/ ✔

겪. ✔ 지. ✔ 않/ ✔ 고/ ✔ 누. ✔ 구. ✔ 나/ ✔ 랩/ ✔

2음절의 첫 번째 글자에 킥(.)과 스네어(/)를 표시한 후 박수를 치면서 속도에 맞춰서 읽어 보자. 킥(.)과 스네어(/) 표시마다 박수를 치면된다.

사.람 ✔ 들.이 ✔ 아/주 ✔ 쉽/게 ✔ 이.해 ✔ 할수 ✔ 있/길 ✔ 바/래 ✔

내.가 ✔ 했던 ✔ 시/행 ✔ 착/오 ✔ 겪.지 ✔ 않.고 ✔ 누/구 ✔ 나/랩 ✔

새벽 ✔ 공.기 ✔ 시/원 ✔ 하/게 ✔ 잠을 ✔ 쫓.아 ✔ 보/내 ✔ 주/네 ✔

꿈.을 ✔ 따.라 ✔ 가/다 ✔ 보/니 ✔ 작.가 ✔ 되.어 ✔ 책/도 ✔ 쓰/네 ✔

3음절의 첫 번째 글자에 킥(.)과 스네어(/)를 표시한 후 박수를 치면

서 속도에 맞춰서 읽어 보자. 킥(.)과 스네어(/) 표시마다 박수를 치면
된다.

인생은✓단순해✓채/웠다✓비/우고✓왔다가✓떠나지✓공/수래✓공/수거✓
백년을✓살아도✓신/의뜻✓모/르면✓억만금✓있어도✓결/국엔✓헛/수고✓
웃으면✓복이와✓힘/들때✓있/지만✓행복은✓가까이✓있/으니✓잡/아요✓
내사람✓내사랑✓여/러분✓고/맙고✓사랑해✓앞으로✓더/욱잘✓할/게요✓

　자유롭게 쓴 음절의 첫 번째 글자에 킥(.)과 스네어(/)를 표시한 후 박
수를 치면서 속도에 맞춰서 읽어 보자. 킥(.)과 스네어(/) 표시마다 박수
를 치면 된다.

받은것✓ 보다 ✓준/걸 ✓떠올 ✓릴때 ✓강해 ✓지는 ✓기/억력✓
그러니✓ 누굴 ✓비/난 ✓하/기 ✓보다는✓해줘 ✓따/뜻한✓ 격/려 ✓
진짜 ✓멋진건✓겸손 ✓하고 ✓노력 ✓하며 ✓성/실 ✓한/것 ✓
끌어 ✓당김의✓법/칙과✓너/무도✓완벽한✓우쥬의✓성/질을✓알/것 ✓

　이번에는 박수를 치며 킥과 스네어 박자에 갖춰
읽어 보자. 그런데 트랩 비트 위에서 이 8음브 가
사를 어떤 리듬으로 읽어야 할까? 4음보, 6음보
때와는 또 다른 리듬이므로 동영상 강의를 통해

그 리듬을 먼저 익히고 박수를 치면서 본인이 쓴 글 혹은 필자가 예시로 든 랩을 뱉어 보기 바란다. 박수를 치면서 랩을 한 후 비트를 틀고 랩을 해 보겠다.

임의로 첫 번째 글자에 킥과 스네어를 표시했을 뿐이니 4음보 글쓰기에서 예시를 든 것처럼 다양하게 응용하면서 박자 맞추기 연습을 할 수 있다. 기본 박자 감각을 익힌 후에는 다양한 시도를 하며, 자신의 본능과 감각에 따라 가사 쓰기를 해 보는 것이 좋다. 다음은 기존 랩에 8음보율을 적용해 킥(.)과 스네어(/)를 표시한 예이다. 킥(.)과 스네어(/)를 유념해서 음악을 듣고 따라 불러보기 바란다.

작.은 방엔. 역시 나/혼자 히/키코 모.리 1.0년을 어/떻게 버/티냐니

. 대답.은 당연/히 사/실은 기.억도 잘. 안 나 그/냥 밀/리는

대.로 떠내려.가 그/냥 가/족들 걱.정에 눈.귀를 자/르고 살/면 돼

돌.아올 땐. 마/트에 드/르듯 집. 한 채 사. 올게 사/ 올게 맨/

현.실감 파.업해 파/워포인/트에 꿈.을 설명.하라니/ 나/도

모르.는 걸 얘.기해 뭐/해 모/엣 상동.이나 한.잔하지/ 거/창한

놈.들은 사.기꾼 많/던데 꿈/이란 게. 그리 거.창하니/ 솔/직히

최.선을 다해 모/든 걸 던/져봤니. 이.런 비겁/한 자식/들

. . 어/ / 변명.의 값은 얼.만지 계/산이 안/ 돼

. . 야/ / 누.군가의 불.행 그건 행/복의 반/대

.어. 그 반/대 앞/에서도 딛.고 일.어서는 담/대 그/

사이.에 좋은. 날은 다/ 갔지/만 더 좋.은 데로 가.고 있어 벨/트 매/

— 넉살Nucksal 〈필라멘트(Feat. BSK A.K.A 김범수)〉의 랩 중 일부[13]

. .눈 부/시던 이/ 씬도 뭉.칫돈의. 눈 먼 광/신도/

. .나 역/시도 때/가 묻었.고 재밌.어 이 방/식도/

국.경을 넘.는 떠/돌이 난/민. 나와 같.네 휩/싸인 번/민

.흥분으.로 더 뿜/어진 엔돌/핀 . 살기위.해 손을 뻗/어 더 높/이

.절대. 멋대/로 생각마/ 난 믿.음대르 나.아갈 뿐/야 /

.선택 받.은 자 아/니 선택 하/는자야 노.력의 천.재 전문 분/야는 훈/민정음

플.로우 모.두 같은 조/건인데/ 불평을 왜.히겠어 닥.치고 무조/건해/

인맥을 쌓.아보려. 더럽게 접/근할 때/ 난 주변 연.락까지 접.고해/ 또누군 질/투로

장.까지 배.배꼬여 / 필요해/ 비피더.스나 불.가리스/ 세대가 흘/러 물갈.이

시즌 송.사리/들 아직까/지 살아있다니 불가.사의/ 불가사/리마냥

내.가 별이 될.때 /무차별/적인 식.성 ta.ke that/ 그때 니/ 표정은

13   넉살, 《Show Me The Money 6 Episode 4》 앨범 6번 트랙. (2017).

띠.꺼도 친.한척 pe/ace sign 난 검/지를 땡.겨 fu.ck that / /

대.기만.성에 기/만을 빼/고 걍 대.성해. 만성/적인 루/저는

대기.석 구.석에 난 칸/예처/럼 대선.에 나.서듯 안 철/수해/

그저 고.통을 즐.겨 su/cker for pa/in 볼케이노 같.은 볼펜. 단어를 뿜/어낼 때/

열등.감과 환.희를 섞/어보네/ 잠 잃은 창.작의 노.예로 살/아도 돼/

no.thing to lo.ose 혹은 이/룰 게 넘/쳐 누군 도.굴꾼처.럼 남의 무/덤까지 훔/쳐

죽은 위.인들을 원.하지만 나/는 결코 아/냐 집착 한.다면 그. 즉시 곧/바로 멈/춰

. 매.일 내 리/듬을 기/록해 기.적은 일.어나/ /

I ca.me from the bo.ttom 벌긴/ 뭘 벌어 꿈/이나 꿔 HI.PHOP THE VI.BE 내 이빨/을 믿어난/

난 한.시도 쉬지 않고 일/해 분명 신/의 계시인듯 받아적어 순간 깨/어나는 세/포

.돈을 벌.어보려 허/릴 접어되/는 일도 많았지만 이.제서야 길/을 찾은 내/ 플로우

— 태리Terry, 울티마ULTIMA, 술제이Sool J, 〈3관왕〉의 랩 중 일부[14]

다음으로 랩의 형식 중 가장 중요한 약속이라 할 수 있는 라임을 넣어 글을 쓰는 연습을 해 보자.

---

14 태리, 울티마, 술제이, 〈3관왕〉 무료 공개 트랙. (2016).

음보율에 라임 넣기

시에서의 라임과 랩에서의 라임은 비슷하지만 기준이 조금 다르다. 설명의 편의상 시에서의 라임을 운이라고 표현한다. (랩의) 라임과 (시의) 운은 비슷한 말이라고도 할 수 있지만, 우선 그 배치의 기준이 다르다. 운의 배치는 문장 중에 위치한 자리에 따라 분류하지만, 라임의 배치는 박자를 기준으로 한다. 시에서는 '문장의 처음 중간 끝'을 기준으로 두운, 요운, 각운으로 나누지만, 라임은 '박자'를 기준으로 그 배치를 따지며 주로 마디 끝에 라임을 배치하는 편이다. 한 문장의 끝에 올린 각운과 마디 끝에 올린 라임을 모두 각운이라고 칭할 수도 있지만, 필자는 '단어의 끝 글자' 소리를 비슷하게 맞춘 라임을 각운이라고 표기할 것이다. (라임에 대해서는 2부에서 자세히 설명했다.) 운과 라임에 대한 비교를 하는 것은 필자가 제시하는 라임을 좀 더 정확하게 구분하기 위해서이다. 또한 박자를 맞추지 않고 쓴 한 줄의 문장과 박자에 맞춘 한 마디의 문장은 확연히 다르다는 것을 알리기 위함이다. **마디를 기준으로 문장을 쓸 수 있어야 랩이 된다.**

앞서 음보율 글쓰기를 하며 박자 타는 법을 연습했다면, 이번에는 글에 라임을 넣는 연습을 할 차례다. 그렇다면 라임이란 무엇이며 어디에 어떻게 넣어야 할까? 앞서 라임은 비슷한 소리가 나는 단어라고 간단하게 설명했다. 조금 더 덧붙이자면 1음절 라임은 한 글자, 2음절 라임은 두 글자, 3음절 라임은 세 글자가 똑같거나 비슷한 소리로 들리는 단어를 말한다. 이제 (문장의 끝이 아니라) 글자의 끝 음절을 기준으로 '각운'을 찾는 연습을 해 보자. 쉽게 말하자면 끝 글자가 똑같거나 비슷한 소리가 나는 단어를 찾으면 된다.[15]

---

15 라임을 찾는 방법은 래퍼마다 다양하다. 가장 보편적으로는 모음 라임을 주로 쓰는 편이다. 모음 라임이란 모음이 같은 단어를 라임으로 쓰는 것이다. 예를 들어 '오리'와 '손님'은 모음이 'ㅗ와 'ㅣ'로 같기에 모음 라임이라 볼 수 있다. 모음은 단어의 중심이며 소리의 기둥이 되는 부분이라 할 수 있다. 하지만 모음만 라임으로 맞추다 보면 초성 자음이나 종성 자음에 따라 라임이 잘 느껴지지 않는 경우도 생긴다. 모음과 함께 초성까지도 비슷하거나 똑같은 글자를 찾는다면 그 라임은 더욱 견고해지고, 잘 들린다. 그래서 이번 장에서 라임을 찾을 때는 보다 단순하게 끝 글자가 똑같거나, 받침만 다른 글자를 찾아서 맞춰 보겠다. '오리'와 이'리', 기'린', 주'립' 등이 그 예시이다.

　예를 들어 라임으로 사용할 단어가 '안경'이라면 '경'과 똑같이 '경'으로 끝나는 단어 혹은 '경'과 받침이 다르지만 비슷한 소리로 들리는 '겨', '견', '격', '결', '곁' 등으로 끝나는 단어를 찾으면 된다. 이렇게 안경과 각운을 이루는 라임으로는 '안겨', '의견', '가격', '부결', '네 곁' '간격' 등을 들 수 있다. 설명의 편의상 라임을 넣는 위치는 문장의 끝으로 정하기로 한다.[16] 문장의 끝이 꼭 마디의 끝은 아니기에 그에 대해 미리 주의를 하였다. 하지만 필자는 음보율과 박자의 비교를 통해 문장의 끝이 마디의 끝이 되도록 정해놓았다. **음보율 글쓰기 중 마지막 음보에 라임을 배치하면 그곳이 마디의 끝이 되는 것이다. 이를 통해 자연스럽게 문장의 끝과 마디의 끝을 맞추는 연습을 할 수 있다.**

　음보율에 라임을 넣는 연습은 4음보, 6음보, 8음보 동일하게 2음절의 글쓰기로만 진행한다. 그 후 킥과 스네어 표시를 한 다음 라임을 넣은 글을 박자에 맞춰 랩으로도 읽어 보기로 하자. 이제 예로 들었던 '안경'으로 찾은 라임을 활용해서 음보율에 맞춰 간단하게 문장을 써 보자. 지금은 글의 주제나 표현에 대해 고민할 필요는 없다. 먼저 문장의 끝에 라임을 올리고, 그 라임을 설명하는 글쓰기를 하는 것으로 접근해 보자. 다음과 같이 마지막 음보에 라임 '안경', '안겨', '네 곁', '간격'을 올리

16　라임을 배치하는 방법은 정말 다양하다. 차차 그 활용에 대해 설명하겠지만 우선 가장 기본적으로 마디 끝에 라임을 올리는 연습부터 하겠다. 마디 끝에 라임을 올린다는 말은 드럼의 스네어를 기준으로 두 번째 스네어마다 라임을 넣는 것을 의미한다. 더욱 자세한 설명은 3부에서 다르고 있다.

고, 빈칸을 채우듯 라임을 설명하는 문장을 적어 보는 것이다.

✓   ✓   ✓ 안경 ✓

✓   ✓   ✓ 안겨 ✓

✓   ✓   ✓ 네 곁 ✓

✓   ✓   ✓ 간격 ✓

4줄이 한 주제로 이어지는 멋진 문장을 표현해 쓸 수 있다면 더할 나위 없이 좋겠지만, 지금은 정말 간단하게 라임을 활용하는 문장만 써 보기로 하자. 그러니 글의 주제나 표현이 이어지는 것에 신경 쓰기보다는 라임을 꾸미는 말을 한 줄씩 찾는다는 기분으로 글을 써 보자.

세상 ✓ 밝혀 ✓ 주는 ✓ 안경 ✓

같은 ✓ 너의 ✓ 품에 ✓ 안겨 ✓

매일 ✓ 그리 ✓ 웠어 ✓ 네 곁 ✓

더욱 ✓ 좁아 ✓ 지는 ✓ 간격 ✓

문장이 유치하거나 내용이 다소 엉뚱해 보일 수 있지만, 여기에서는 라임을 활용하는 글을 쓰는 연습 단계이니 거기에만 집중하도록 하자. 여러분은 분명 필자보다 훨씬 더 유려한 글 솜씨를 뽐내며 라임을 잘 활용한 예문을 쓸 거라고 믿는다. 꼭 2음절을 맞출 필요는 없지만 예행연습이니 일단 2음절로 시작해 보자. 만약 자유롭게 글과 라임을 써 보고 싶다면 그렇게 해도 좋다. 여러분도 위의 예처럼 아래에 라임을 넣은 4음보 글쓰기를 자유롭게 써 보자.

✓　　✓　　✓　　✓

✓　　✓　　✓　　✓

✓　　✓　　✓　　✓

✓　　✓　　✓　　✓

다음으로 6음보, 8음보에 맞춘 라임을 넣은 글쓰기를 한다. 마찬가지로 마지막 음보에 라임을 넣어 글쓰기를 하면 된다. 라임은 역시 '안경'을 활용해서 적어 보겠다.

너는 ✓ 나의 ✓ 삶을 ✓ 밝혀 ✓ 주는 ✓ 안경 ✓

같아 ✓ 너의 ✓ 품에 ✓ 푹신 ✓ 하게 ✓ 안겨 ✓

매일 ✓ 그리 ✓ 웠어 ✓ 향기 ✓ 나는 ✓ 네 곁 ✓

더욱 ✓ 가까 ✓ 워져 ✓ 좁아 ✓ 지는 ✓ 간격 ✓

너는 ✓ 나의 ✓ 삶을 ✓ 밝게 ✓ 비춰 ✓ 주네 ✓ 마치 ✓ 안경 ✓

너의 ✓ 품에 ✓ 푹신 ✓ 하게 ✓ 부드 ✓ 럽게 ✓ 꼬옥 ✓ 안겨 ✓

매일 ✓ 그리 ✓ 웠어 ✓ 평화 ✓ 롭고 ✓ 향기 ✓ 나는 ✓ 네 곁 ✓

위 예시를 참고해서 자유롭게 라임을 넣은 6음보, 8음보 글쓰기를 해 보기 바란다.

음보율 글쓰기에서는 음보율에 맞춰 음절수를 나눈 글쓰기에 집중했다. 그 후 킥(.)과 스네어(/) 표시를 통해 박자를 표기했고, 박수를 치거나 비트에 맞춰 읽어 보는 연습을 했다. 이번 챕터에서도 마찬가지이며 라임을 시작으로 글쓰기를 한 것뿐이다. 글에 킥(.)과 스네어(/)를 표시하고 박수를 치면서, 박자에 맞춰 복습하는 차원에서 읽어 보도록 하자. 첫 글자 뒤에 드럼을 표시해서 박수 치며 읽어 보고, 비트에도 맞춰 랩을 해 보자.

　4음보, 2음절의 첫 번째 글자에 킥(.)과 스네어(/)를 표시한 후 박수를 치면서 속도에 맞춰서 읽어 보자. 킥(.)과 스네어(/) 표시마다 박수를 치면 된다.

세.상 ✔ 밝/혀 ✔ 주.는 ✔ 안/경 ✔

같.은 ✔ 너/의 ✔ 품.에 ✔ 안/겨 ✔

매.일 ✔ 그/리 ✔ 웠.어 ✔ 네/ 곁 ✔

더.욱 ✔ 좁/아 ✔ 지.는 ✔ 간/격 ✔

　6음보, 2음절의 첫 번째 글자에 킥(.)과 스네어(/)를 표시한 후 박수를 치면서 속도에 맞춰서 읽어 보자. 킥(.)과 스네어(/) 표시마다 박수를 치면 된다.

너.는 ✔ 나.의 ✔ 삶.을 ✔ 밝/혀 ✔ 주/는 ✔ 안/경 ✔

같.아 ✔ 너.의 ✔ 품.에 ✔ 푹/신 ✔ 하/게 ✔ 안/겨 ✔

매.일 ✔ 그/리 ✔ 웠.어 ✔ 향/기 ✔ 나/는 ✔ 네/ 곁 ✔

더.욱 ✔ 가.까 ✔ 워.져 ✔ 좁/아 ✔ 지/는 ✔ 간/격 ✔

　8음보, 2음절의 첫 번째 글자에 킥(.)과 스네어(/)를 표시한 후 박수를 치면서 속도에 맞춰서 읽어 보자. 킥(.)과 스네어(/) 표시마다 박수를 치면 된다.

너.는 ✓ 나.의 ✓ 삶/을 ✓ 밝/게 ✓ 비.춰 ✓ 주.네 ✓ 마/치 ✓ 안/경 ✓
너.의 ✓ 품.에 ✓ 푹/신 ✓ 하/게 ✓ 부.드 ✓ 럽.게 ✓ 꼬/옥 ✓ 안/겨 ✓
매.일 ✓ 그.리 ✓ 웠/어 ✓ 평/화 ✓ 롭.고 ✓ 향.기 ✓ 나/는 ✓ 네/ 곁 ✓
더.욱 ✓ 가.까 ✓ 워/져 ✓ 좁/아 ✓ 지.는 ✓ 틈.이 ✓ 없/는 ✓ 간/격 ✓

4음보, 6음보, 8음보 글쓰기와 박자에 맞춰 읽었던 내용을 떠올리며 라임을 넣은 윗글을 읽어 보자. 첫 글자 뒤에만 드럼을 표시한 것은 가장 기본적인 박자감을 설명하기 위해서였다. 4음보율 글쓰기에서 제시했던 대로 다양한 글자 수와 박자 타기를 활용하면서 시도해 보기 바란다. 랩에서 라임이 있고, 없고는 정말 큰 차이이다. 래퍼는 단어를 수집하듯 라임을 찾고 활용해야 한다. 라임에 대한 감각을 기르기 위해 독서를 꾸준히 하고 단어를 메모하고 분석하기 바란다.

지금까지 맛보기 과정을 통해 랩에 대해 간략하게 알아보았다. 랩을 전혀 몰랐던 분들은 '랩이 이런 것이구나' 하고 쉽게 이해하는 계기가 되었기를 바란다. 랩을 이미 하고 있었던 분들은 다시 한 번 기본기를 다잡는 시간이었기를 바란다. 이제 시작이다. 문틈으로 태양을 보고 그 빛

을 다 안다고 할 수는 없을 것이다. 다음 2부에서는 랩의 각 구성 요소
인 메시지, 라임, 플로우에 대해 좀 더 세밀하게 살펴보도록 하겠다.

2부

랩의 세 가지 요소

랩이란 힙합을 대표하는 보컬의 한 장르이자 문학과 음악이 섞인 고차원적인 문화이다. 랩의 사전적 정의는 '내뱉듯이 말하다'이다. 팝 음악의 한 형식으로 '강렬한 리듬에 맞추어 가사를 읊듯이 노래함'이라 정의할 수도 있다.[17] 더글라스 켈너Douglas Kellner는《미디어와 문화》[18]에서 "랩의 영문명 'RAP'에서 R은 운rhyme과 리듬rhythm을 의미하고, P는 시poem, 어떤 경우에는 정치politics를 의미한다"라고 설명한다. 이러한 정의와 설명을 정리해보면 랩이란 '라임rhyme'과 언어와 음악이 조화를 이루며 흘러가는 리듬rhythm 즉, '플로우flow' 그리고 시적이거나 정치적인 '메시지message'로 이루어져 있다고 말할 수 있다.

랩 창작은 어느 정도 형식이나 규칙은 있지만 래퍼들 개개인의 주관적인 방법으로 이루어지는 경우가 많다. 그렇기에 랩에 대한 용어 정의나 분류 방법 등이 다를 수 있다. 《누구나 랩》은 현재까지 나온 서적 중 가장 체계적으로 랩에 관해 설명한, 폴 에드워즈의 저서 《하우 투 랩》을 기준으로 용어 설명을 하려 한다.[19] 특히 이 장에서는 본격적인 랩 쓰기에 앞서, 학문적인 영역이나 음악 현장에서 어느 정도 통용되고 있는 랩의 기본 개념과 분류 방법 그리고 표현법에 대해 정리해 보고자 한다.

---

17 두산동아 사서편집국, 《동아 새국어사전》, 두산동아, 2012. 720쪽.

18 더글라스 켈너, 《미디어 문화》, 새물결, 2003.

19 폴 에드워즈가 제시한 '플로우 다이어그램'이 창작보다는 분석에 더욱 유용하며, 영어 랩을 예시로 했기에 그 내용을 이해하기가 어렵다고 생각한다. 하지만 '플로우 다이어그램'이란 개념 역시 랩을 분석하는 데 도움을 주는 것이 사실이고, 《하우 투 랩》에 나온 랩에 대한 개념은 힙합 아티스트 104명의 인터뷰를 바탕으로 정리한 신뢰할 수 있는 자료이다. 따라서 《하우 투 랩》을 중심으로 용어 정리를 하되 한국어 랩을 기반으로 설명하겠다.

메시지(Message)

1. 메시지의 개념

 랩의 첫 번째 구성 요소인 메시지는 래퍼가 직접 쓴 가사를 의미한다. 래퍼는 기본적으로 랩 가사를 쓰는 작가이다. 메시지는 래퍼의 생각과 철학이 담겨 있고, 본인이 전하고자 하는 내용에 맞게 다양한 표현 방식을 가진다. MC들이 흔히 스스로를 시인으로 일컬을 정도로 랩은 형식

적으로 시와 아주 유사하다.[20]

더글라스 켈너는 《미디어와 문화》에서 RAP의 'P'를 시$_{poem}$ 또는 정치$_{politics}$를 의미한다고 설명한다. 또 임종세는 '이데올로기적 불복종' 즉 '저항성'에 관한 연구가 무엇보다도 랩의 주체가 던지는 메시지의 경험, 관심, 정치를 표현하는 데 있어서 가장 직적접인 방식이라고 밝히며 랩의 저항성에 관해 연구하였다.[21]

하지만 랩의 내용이 꼭 시적이거나 정치적인 문제만을 다루지는 않는다. 다만 랩이 직설적이거나 거친 표현을 쓰는 경우가 많고, 라임을 배치하는 방식이 영미 시의 형태와 유사하기에 반 정도는 맞는 말이라 할 수 있다. 하지만 래퍼가 랩을 쓰는 방식은 그보다 훨씬 더 다양하며 때에 따라 시인, 소설가, 수필가, 시나리오 작가 등이 취하는 다양한 글쓰기 방식을 총망라해서 랩 작사가 이루어진다.

글쓰기가 바로 랩의 시작이며, 말할 내용이 있어야 랩이 가능하다. 래퍼 스스로가 작가이며 본인의 삶에 기초해서 랩을 쓴다. 그렇기에 시적인 표현이나 정치적인 내용 외에도 무한히 많은 주제를 다룬다. **당신의 생각과 삶이 곧 랩인 것이다.**

---

20 이보열, 「초등학생 영어수업에서 랩(Hip-Hop)이 학습의 정의적 요인에 미치는 영향 연구—4학년을 중심으로」, 중앙대학교 대학원 영어언어과학과 멀티미디어 영어교육 석사학위 논문, 2007.

21 임종세, 「한국 랩 음악의 저항성 연구 : DJ.DOC의 랩 가사에 드러난 기호학적 분석을 중심으로」, 성균관대학교 언론정보대학원, 석사학위 논문, 2004.

이미 시를 쓰는 방법론, 소설을 쓰는 방법론들은 많이 소개가 되었다. 그리고 그러한 글쓰기 방법론들이 랩의 메시지 작법에도 많은 도움을 줄 수 있다. 하지만 내용을 최소화하고 라임을 맞추며 또 음악에 맞춰 뱉어야 하는 랩이라는 장르적 특징을 고려한다면, 기존의 랩 가사를 통해 창작방법을 연구하는 것이 가장 유용한 접근 방법이 되리라 생각한다. 또 랩 가사의 메시지 특성을 익혀야 본인이 어떤 말을 전달하는 래퍼가 되고 싶은지 보다 명확하게 알 수 있다. 메시지를 잘 쓰는 래퍼가 되려 한다면 래퍼의 가사를 교과서처럼 읽고 분석해보는 시간이 필요하다. 래퍼들이 어떻게 글을 쓰고 있는지 제대로 이해하고 본인만의 문체를 찾으려 노력해야 한다.

① 본인의 인생

흔히 '래퍼는 진실해야 한다'라고 말한다. 이것은 래퍼들이 자신의 삶을 토대로 진솔하게 가사를 쓰는 경우가 많기 때문이다. 살아오면서 경험한 일들이 그 래퍼의 캐릭터를 만들고, 리스너listener들은 래퍼의 삶이 묻어나는 랩 가사에 매력을 느낀다. 다음은 필자의 인생을 담은 랩 가사의 일부이다.

13살 처음 가본 경찰서

엄마가 울기 전까진 그래도 괜찮았어

부러진 이빨보다 아팠던 심장

눈앞이 흐려지니 실감이 나 젠장

진짜 지옥 같던 치과

그보다 더 지옥 같던 학교

다 때려치우고 도망칠까

눈물을 아껴도 매일 밤 홍수가 나

친구도 바뀌어 결국엔 타인과 나

근데 인생이란 건 참으로 아이러니해

불신으로 가득 찬 작은 아이였던 내가

프리스타일로 외치지 함께 원을 그립시다

이빨이 아파도 몹시나 신나

그래 이건 신이 내게 길을 보여준 방법

시련을 통해 나를 더 강하게 바꿔

힘들 땐 그때 그 경험이 대답해

잘 봐 난 흔들리는 이빨로 꿈을 이뤄 RAP해

필자가 2011년에 발표한 앨범의 수록곡 중 〈그럼에도 불구하고 OKAY〉라는 트랙이다. 필자의 보이스 로고인 'OKAY'의 의미를 설명하고, 살아온 인생을 담담하게 이야기한다. 굴곡진 인생이 오히려 랩을 하는 데 큰 도움을 주었으며 아이러니하게도 부러진 치아로 랩을 하고 있다는 내용을 담고 있다. 필자는 〈그럼에도 불구하고〉라는 시에서 이 곡의 영감을 얻었으며, OKAY에 긍정의 의미를 담아 힘들고 지칠 때가 있지만 결국 더 잘되리라는 희망을 리스너들에게 전하려 했다. 이 곡은 실제 본인의 삶을 그대로 가사에 담은 랩이다. 래퍼의 삶이 꼭 힘들거나 어려울 필요는 없다. 어떤 삶을 살고 있든 당당하게 마주하고 꺼내놓아야 한다. 래퍼는 자신을 드러내는 직업이다. 찌질한 것도, 멋진 것도 결국 자기 자신의 모습이다. 무작정 타인의 삶을 동경하고 뒤따를 필요는 없다. 자신이 가진 추하거나 부족한 모습도 누군가에겐 매력이 되고, 공감을 이끌어내는 장점이 될 수 있다. 어떤 주제로 랩을 시작해야 할지 모르겠다면 다른 래퍼나 외국 힙합의 흉내를 내기보다는 당신의 삶을 되돌아보고 솔직하게 적어 내려가기 바란다. 자연스레 래퍼로서 캐릭터도 생기고, 추구하고 싶은 음악적 색깔과 방향성도 잡힐 것이다. **자신이 아닌 것을 적는 것은 멋이 없다. 먼저 당신 자신의 삶이 랩이 될 수 있도록 끄집어**

22　술제이 & 매트루스(Matroos), 《Transformation》 앨범 6번 트랙. (2011).

내라.

② 스토리텔링

스토리텔링[23]은 소설이나 영화 대본을 쓰듯이 배경과 등장인물을 정하고 허구의 이야기를 실제처럼 써 내려가는 것이다. 본인의 직접적인 경험은 아니지만, 리스너가 랩을 들으면 그 장면이 눈앞에 그려지듯 체험할 수 있도록 글의 완성도가 높아야 한다. 이야기에는 정말 엄청난 힘이 있다. 사람들의 눈과 귀를 집중시키고, 궁금하게 만든다. 하지만 그만큼 그 이야기가 설득력이 있어야 할 것이다. 허구와 사실 사이를 오가는 좋은 표현을 통해 리스너들이 마치 자신의 이야기를 하고 있다고 믿게 만든다면, 그 래퍼의 가사는 성공한 것이다. 다음 이야기를 들어 보자.

---

23 학문적으로는 '이야기하다'의 뜻이다. 작가가 하는 이야기 전개를 말한다.

– 술제이 〈남자도 운다〉의 랩 중 일부[24]

필자의 〈남자도 운다〉라는 곡의 1절 랩이다. 랩 속의 주인공은 이제 막 스무 살이 된 배우를 꿈꾸는 청춘이다. 대학로 연극판을 오가며 연극배우를 꿈꾸고 있지만 아직은 아르바이트를 하며 밑바닥 생활을 하고 있다. 실제로 경험한 일은 아니지만, 자료 조사와 상상을 토대로 랩 가사를 적어 내려갔다. 예시로 들지는 않았지만, 2절에는 쉰다섯 살의 택

---

24   술제이의 《Story of Man》 앨범 1번 트랙. (2009).

    누구나 **랩**

시 운전기사인 한 가정의 아버지가 등장한다. 1절의 청년과 2절의 아버지는 동일 인물이다. 이를 통해 어릴 적 배우의 꿈을 포기하고, 가정을 위해 일을 하고 있는 남자의 이야기가 그려진다. 랩 가사의 남자처럼 필자도 스무 살에 랩을 시작했다. 당연히 랩만으로는 돈을 벌 수 없었기에 한동안 경제적인 어려움을 겪었다. 그리고 필자의 아버지는 실제로 택시 운전을 하시며 가족의 생계를 책임졌다. 필자가 가장으로서의 삶을 살지는 않았지만, 그 삶을 엿보고 그려낸 가사이다. 현실과 꿈 사이를 방황하고 갈등하는 청춘들이 얼마나 많을까? 그 중 배우를 꿈꾸는 한 남자의 고뇌를 소설처럼 풀어냈다. 이처럼 공감을 이끌어내는 스토리텔링을 통해 리스너의 흥미를 유발하는 가사를 쓸 수도 있다.

③ 사회 비판

래퍼는 자신이 보고 들은 현실을 랩으로 써 내려간다. 모든 래퍼가 의식 있고, 철학적이고, 현실을 비판하는 가사를 쓰는 것은 아니지만, 래퍼는 똑똑하고, 냉철하게 현실을 바라고는 편이다. 랩 가사의 특징이라 할 수 있는 직설적이고 공격적인 말투로 사회의 부조리를 풀어낸다. 정치적 이슈가 생길 때 대중들은 가장 먼저 래퍼들의 반응에 집중한다. 디스 랩을 하는 등 거침없이 의견을 쏟아내는 래퍼들의 특성상 당연히 사회적 이슈에도 그 목소리를 낼 것이란 기대 때문이다. 단순히 공격적인 음악이 아니라 불편한 문제에 대해 관심을 가지고 이야기할 수 있는 소양이 있다면 지적인 래퍼로 인정받을 수 있다. 또 사회적 약자를 대변하

는 의식 있는 활동을 함께 이어간다면 힙합이란 문화는 더욱더 많은 사
람들에게 그 사회적 가치를 제대로 평가받을 수 있을 것이다.

인터넷 뉴스란에서 한국은 수출 강국이래

근데 직장은 줄고 친절한 대출 광고는 느네

예쁜 여자가 네게 대충 눈 감고도 돈을 또 빌려줬지만

결국 노예로 수출될 뿐이네

출출한 건 배가 아닌 가슴

삭감된 예산안 다 예상하잖아 그 돈을 다 누가 쓰나

구제역처럼 묻어 아무도 찾지 않는 제도의 무덤

결국엔 너와 나 모두 죗값을 물어

사막에 선인장도 희망은 있는데

삭막한 현실 모두 도망자인 듯해

망자의 곁에서 산송장들이 찬송가를 불러

탄성 가득한 위기 산소도 무겁게 날 짓눌러

이 노랜 팔려봤자 54원

뭘 그리 놀래 대기업 회사원 친구나 나나

기업에 착취당한 건 같애

〈CRY〉는 제목 그대로 울음을 터뜨리게 만드는 현실을 담고 있다. 부당한 정치와 경제에 대한 이야기이며 음원 저작권료 문제를 꼬집는다. 힙합 음악을 듣는 리스너들이 가장 먼저 손꼽는 랩의 매력 중 하나가 바로 직설적이고 거친 가사이다. 이 곡에서도 사회의 여러 문제를 향해 비판하고 항변하는 가사를 담고 있다. 대학을 나와도 취직할 수 있는 직장이 늘지 않고, 비정규직이 상식이 되어 버린 나라에서 살아가기란 참으로 힘들고 갑갑하다. 부정부패로 물들었던 정권이 무너지고, 촛불이 희망을 밝혔지만 아직도 갈 길은 멀고도 멀다. 음악을 업으로 하는 사람으로서는 음원 분배율 역시 개선되어야 할 문제이다. 이해당사자의 원만한 합의를 통해 창작자의 권익이 제대로 보호될 수 있는 더욱 공정한 사회가 될 수 있기를 바란다. 하지만 그것은 바람만으로는 이뤄질 수 없다. 래퍼는 대중을 움직일 수 있는 힘이 있는 사람이다. 만약 그런 힘을 가진 사람이 사람들에게 악영향을 끼친다면, 그 역시도 죄를 짓는 것이라 할 수 있다. 래퍼가 되려 한다면 자신만의 철학을 올곧게 세우고, 자신이 뱉는 말이 얼마나 큰 힘을 발휘하고 있는지 살펴야 한다. 당신의 철

25　술제이와 타래, 《The Present》 앨범 6번 트랙. (2012).

학이 만약 '사랑'이라면 모두가 함께 행복할 수 있는 사회를 만드는 데 정말 큰 도움이 될 것이다. 하지만 당신의 철학이 '이기심'이라면 남을 이겨 성공한 듯 보여도 결국 혼자가 될 것이다. **많은 이들에게 좋은 영향력을 줄 수 있는 래퍼가 되기를 진심으로 바란다.**

④ 규칙과 형식을 정해 쓰기

가사를 자유롭게 쓰는 것이 아니라 일정한 제약이나 규칙에 맞춰서 가사를 쓰는 방식으로 콘셉트 표현방식conceptual content form이라고 설명하기도 한다. 그 규칙이란 라임의 종류나 억양이 될 수도 있고, 동일한 패턴의 메시지를 반복하는 것일 수도 있다. 끝말잇기처럼 다른 래퍼의 말을 이어서 연결하는 것이 될 수도 있고, 첫 마디 글자에 메시지를 담는 암호 같은 글쓰기일 수도 있다. 어느 정도 수준에 이른 래퍼가 자유롭게 가사를 쓰는 것은 정말 쉬운 일이다. 규칙을 정하는 것은 메시지를 쓰는 표현에 제약을 가해 족쇄를 채우는 것이기에 래퍼의 글쓰기 스킬을 시험해 볼 수 있는 작업이라 할 수 있다. 정해진 규칙과 형식을 지키면서도 래퍼 자신만의 목소리를 낼 수 있다면, 그의 랩 실력이 얼마나 수준 높은지 알 수 있을 것이다.

전쟁 속에 휩쓸린 꼬마 아이가

장난감 대신 집어든 건 총과 칼

속국 희생자의 목숨은 얼마일까

이미 경계가 사라진 선과 악

야만한 인간 누굴 또 죽이는가

지도에 붉게 늘어나는 더 많은 칸

금세 역사가 흘러 생긴 망각의 강

이대로 비극은 반복돼 오 마이 갓

시체를 실어 나르는 섬뜩한 리어카

대부분 아무렇지 않나봐 이젠 무감각

악사의 연주는 왜 진혼곡만인가?

마취된 인간성에 불행은 또 옮아 가

가증스런 독재자의 연설 토 나와

으드득 이를 간다 넌 못 도망가

스산한 마음 심장은 뾰족한 모가나

대립된 휴전은 못 버티겠지 얼마간드

— 마이노스 인 뉴올Minos In Nuol 〈Oh My God remix〉의 술제이 랩 중 일부[26]

〈Oh My God〉 가사에는 두 가지 규칙이 보인다. 첫 번째는 라임을 모두 'Oh My God(오 마이 갓)'으로 (모음 'ㅗ' 'ㅏ' 'ㅣ' 'ㅓ') 맞췄다는 것이고, 두 번째는 마디의 시작하는 글자들을 쭉 내려 읽었을 때도 하나의 문장이 완성되는 것이다. 숨겨진 메시지의 퍼즐을 완성했을 때 소름이 돋지 않는

---

26 마이노스 인 뉴올, 《Oh My God Remix》 앨범 1번 트랙 (2010).

가? 문장 끝을 보면 '아이가, 총과 칼, 얼마일까, 선과 악, 죽이는가, 더 많은 칸, 망각의 강, 리어카, 무감각, 진혼곡만인가, 옮아가, 토 나와, 도망가, 모가나, 얼마간도' 등으로 'Oh My God'과 라임이 되는 운율을 맞춘 것을 알 수 있다. 또 문장의 첫 글자만 따서 아래로 읽어 보면 '전장 속이야 지금 이 시대 악마가 으스대'라는 문장이 완성되는 것을 알 수 있다. 보통은 래퍼가 쓰고 싶은 형식을 정해서 가사를 쓰지만 이렇게 하나의 형식을 규정하고 그것에 맞춰 가사를 쓸 때도 있으며, 그럴 때일수록 더더욱 래퍼의 필력이 드러난다. 또한 그 형식과 제약을 통해 오히려 그 곡만이 가진 독특한 색깔이 완성된다.

⑤ 클럽이나 파티풍의 가사

의식 있는 가사를 주로 쓰는 래퍼가 있다면, 또 반대로 '유흥'을 주제로 삼아 클럽 음악을 전담하는 곡을 쓰는 래퍼도 있다. 단지 글의 주제가 무겁다고 좋은 래퍼라 평가하기 어렵듯이, 파티 음악을 한다고 나쁜 래퍼라 평가할 수는 없다. 힙합 음악은 젊고, 경쾌하고, 누구나 즐길 수 있게 해 준다는 점에서 클럽풍이나 파티풍의 가사는 긍정적인 힘을 발휘하기도 한다. 힙합은 파티에서 시작했다. 동네에서 디제이가 파티를 열면 춤을 추고, 놀면서 음악을 즐긴 데서 유래한 것이다. 사랑과 평화란 결국 그런 즐거움을 찾는 행위에서 나오는 게 아닐까? 누군가를 공격하는 성향의 랩이 자신과 맞지 않고, 함께하며 에너지를 주고받는 일이 더 행복하다면 파티풍의 가사를 쓰면서 무대를 즐기면 된다. 그때 저

절로 웃음이 나온다면, 그 웃음이야말로 랩을 하는 가장 소중한 가치라
할 수 있을 것이다.

이건 새로운 스타일 아주 엣지 있지

사랑이 뭐 길래 다들 미쳐 있지

클럽 안에 모두가 like CSI

자기 짝을 찾는 순간 번지는 스마일

연거푸 맺어지는

환상의 커플 연애시대

현실이 감옥이면 프리즌 브레이크

네 멋대로 해라 그래도 돼

난 너의 친구 난 너의 히어로

난 너의 친구 난 너의 히어로

네 발목을 잡는 청춘의 덫 따윈

부셔버릴 거야 춤추게 더

진짜 타짜라면 오늘밤은 올인

흔히 있는 기적처럼 사랑에 골인

서울의 달이 져도 별은 내 가슴에

말 그대로 '클럽에서 놀자'는 내용을 담은 랩 가사이다. 독특한 점은 파티풍의 가사를 규칙과 형식을 정해 적었다는 점이다. 마디마다 드라마 제목을 가사로 활용해서 익숙한 이미지를 전하며 듣는 재미를 더한다. 클럽에서 남자나 여자를 꼬시는 이야기를 쓸 수도 있고, 함께 춤을 추자는 이야기를 가사에 담을 수도 있다. 또 술을 마시며 노는 이야기나 홍대, 이태원, 강남 클럽에 대한 이야기를 쓸 수도 있다. 혹은 여자에게 거절 당한 이야기나 만취가 돼서 필름이 끊긴 하루를 적을 수도 있다. 파티풍의 가사를 어떻게 쓰든 사실 제일 중요한 것은 그 경험을 얼마나 실감나게 잘 표현하느냐에 달려 있다고 할 수 있다. 무조건 클럽이나 파티에 다녀야 한다는 말은 아니다. 본인이 클럽에 못 가봤다면 그 사실을 바탕으로 자신의 생각이나 상상을 적어 내려가면 된다. 래퍼는 모두가 할 수 있는 이야기를 자신만의 언어로 창작한다.

⑥ 배틀 랩

힙합은 매우 경쟁적인 음악 장르이다. 흔히들 랩 게임이라는 표현을 많이 쓰는데, 마치 게임처럼 자신의 랩을 누군가와 겨루는 일이 일상적

---

27 술제이, 《Electro SOOL J》 앨범 3번 트랙. (2011).

으로 벌어지기 때문이다. 랩 스킬이나 인생의 화려함이나 고난을 뽐내며 다른 래퍼와 음악과 언어를 매개로 싸운다. 어떤 악감정이 있어서라기보다는 자신이 갈고 닦은 기술을 시험해 보거나 자랑하고 싶은 마음이 더 클 것이다. 혼자 방구석에 있더라도 자신의 위치가 어느 정도인지 궁금하고, 또 '내가 쟤보단 잘해'라는 승부욕이 발동하는 경우가 많다. 배틀 랩을 활용해 커리어를 쌓거나 다른 래퍼와 교류를 하는 경우도 생긴다. 힙합은 경쟁과 화합을 원동력으로 짧은 시간 동안 폭발적으로 발전했고, 계속해서 더욱 신선하고 수준 높은 음악을 만들어 내고 있다. 스포츠 정신처럼 상대를 존중하고, 게임의 규칙 안에서 경쟁한다면 배틀 랩은 많은 이들이 열광할 수밖에 없는 분야로 자리매김할 것이다.

오케이 난 술투더제이 프리스타일 랩 배틀 챔피언

불쌍해 또 투덜대는 넌 온 동네 챙피야

도전자라면 먼저 내 지난 업적들부터 정주행해

또는 주저앉아 네 운명이나 저주해

헤이터들은 겨우 지렁이 난 한여름 낮에 뙤약볕이야

그러니 기어 나오지는 마 결국 모든 걸 빼앗겨

잠시 쉬어갈 그늘조차도 어둠이라

신이시여 부디 시험 마소서 나태함을 거둡니다

난 꿈을 꿔 이건 자각몽

너도 가능할 거란 착각은 노

단잠을 자는데 아 시끄럽게 왜 심란해?

알람처럼 난 널 울리고 꺼지라고 해

멸시와 괄시도 면류관의 가시가 돼

빌어먹을 돈 대신 그동안 겪어낸 아픈 시간들을 과시할래

치열한 이 바닥에선 늘 모두가 다 변하니까 형제이자 적

그러니 은혜든 복수든 갚아 이자까지 쳐

— 산이San E, 울티마, 술제이, 이펙EFFECT, 스캐리피Scary'P 〈프리스타일 타운
Freestyle Town〉의 랩 중 일부[28]

    배틀 랩은 래퍼들이 주로 쓰는 가장 일반적인 주제의 랩이다. 래퍼는
랩 스킬이 녹슬거나 퇴화하면 생명력을 잃는다. 랩 스킬이란 라이밍, 플
로우, 표현 방법, 가창력 등을 모두 포함한다. 랩의 어떠한 요소든 표현
하는 데는 기술이 필요하다. 가사적인 측면에서 스킬은 좋은 표현과 꼼
꼼한 라임이라 할 수 있다. 필자는 2005년 Miller Groove Day 프리스타
일 랩 배틀 대회 챔피언이자 현재 한국에서 열리는 가장 큰 규모의 프리
스타일 랩 배틀 대회 겸 힙합 콘서트인 '프리스타일 데이'를 개최하는 공

---

28   산이, 울티마, 술제이, 이펙, 스캐리피, 《프리스타일 타운》 앨범 1번 트랙. (2013).

연 기획자이다. 가사에서도 랩 배틀 챔피언임을 첫 줄에 내세워 자신의 경력을 자랑하고 있고, '알람처럼 난 널 울리고 꺼지라고 해'처럼 동음이의어 펀치라인을 활용해 재치 있게 경고를 하고 있다. 또 견고한 라임으로 플로우를 이어가고 있다. 돈을 많이 벌지는 못했더라도 자신이 책임진 인생을 떳떳하게 밝히며 '나 빡센 놈이야'라고 표현하는 것이다. **덧붙여 이 책 《누구나 랩》은 한국 힙합 최초의 랩 입문 서적이 될 것이다.**

⑦ 사투리

힙합은 지역적인 특색이 강한 문화이며, 랩이란 래퍼가 살아온 인생을 자신의 언어에 담는 것이다. 꼭 표준어로 가사를 쓸 필요는 없으며, 오히려 은어 같은 새로운 언어를 만들어 내기도 한다. 미국 힙합에서도 자신의 지역 사투리 억양과 그들만의 슬랭을 담아낸 곡들이 히트를 치는 경우가 많다. 힙합은 그만큼 자신만의 정체성이 강조되는 음악인 것이다. 동네 친구들끼리 혹은 학교에서 혹은 자신의 지역에서만 쓰는 말들이 있는지 적어 보기 바란다. 또 당신이 표준어를 쓰는 지역이 아닌 사투리가 있는 지역에 있다면 그 독특한 말들을 감추지 말고 랩 가사에 활용하기 바란다. 팔딱팔딱 숨 쉬는 그 언어들은 고향을 대표하는 매력적인 문체가 될 것이고, 래퍼의 캐릭터가 될 수도 있다. 물론 무조건 사투리만을 쓰라는 것은 아니다. 하지만 무기가 있다면 감추지 말고, 한 발씩 장전해서 가사로 적어 보기를 권한다.

첨엔 돈 준다꼬 들이댔다 아이가?

내 몬 산다고 머라캤다 아이가?

그케도 내 몬 믿는다카이 니 머 캤노?

내 믿고 가마 니도 간다 캤다 아이가!

말도 아이다 마 속이고 아이고가

문제도 아인기라 인간이 아인기라

사짜들 막 온데 다 천지삐까리

글마들 때메 내는 맨날 빚갈이

음악은 음악이고 사업은 사업이라

음악으로 장난치는 사업이 사업이가?

근데 니는 내한테 내 음악을 판다메?

내 하고 싶은 음악으로 장사를 한다메?

그림도 그리고 마 소문도 돌리고 마

음악도 뿌리고 마 명함도 돌리고 마

머라머라 캐사도 인자 마 치아뿌라!

니 주디서 나오는 건 숨 빼고 다 구라

뭣도 모르고 내가 니캉 갔제

누구나 랩

한 곡 전체를 경상도 사투리로 쓴 가사로 지역 특유의 말과 억센 표현이 담겨 있다. 필자도 고향이 경상도지만 내가 살던 지역과 다른 경상도권의 언어라 이 곡을 처음 접했을 때 신기하고 신선했다. '그케도 내 몬 믿는다카이 니 머 캤노'는 '그렇게 해도 내가 굣 믿는다고 하니 너 뭐라고 했니.' '글마들 때메 내는 맨날 빚갈이'는 '그 놈들 때문에 나는 맨날 빚 청산에 시달린다'라는 뜻인 듯하다. 하지만 '무까끼하이'는 필자 역시 써본 적도 들어본 적도 없는 말이다. "무식하게", "융통성이 없는", "꽉 막힌" 이라는 뜻의 경상도 사투리라고 하는데 '거시기하다'라고도 번역할 수 있다.[30] 표준어가 아니라서 곳곳에 해석이 필요한 부분이 있을 정도지만 사투리가 가진 특유의 매력을 잘 담고 있다. 경상도 사투리는 직

---

29 MC 메타&DJ 렉스, 《무까끼하이 Yes Yes Y'all》 앨범 1번 트랙. (2011).

30 더 자세한 의미 파악을 위해 MC 메타의 인터뷰 내용을 발췌했다. "그러니까 '무까기하이'가 의미적으로는 되게 어떤 뭔가 하나를 딱 지칭을 하는 것이라고 하기 보다는 약간 어우르는 측면들이 있어요. 예를 들어서 약간 좀 뭔가 고지식하고 어떤 뭔가 무식해 보이는 어떤 사람이나 상황을 표현할 때도 무까끼하다라고 이렇게 얘기를 하죠. 또, 친구끼리도 대화를 하다가 말이 안 통하는 애들 있잖아요. 믹 자기 생각만 내세운다거나, 다른 사람의 이야기에는 귀를 닫아 버린다던가 하는 이런 상황이 되면, '너 와이리 쿠까끼하노'(웃음) 이런 식으로 쓰이는 말이에요." 힙합플레이야 MC 메타와 DJ 렉스 인터뷰 中(https://hiphopplaya.com/g2/bbs/board.php?bo_table=magazine&wr_id=12583)

설적이고, 공격적이라 그 맛에 랩의 메시지가 더더욱 사는 듯하다.

⑧ 유머

감히 말하자면, 웃음을 유발하는 가사가 가장 최고라 할 수 있다. 유머러스한 가사는 기억에 남는다. 웃음은 모두를 행복하게 만들고, 금세 친밀감을 느끼게 한다. 웃음을 통해 엔돌핀이 나오면 그 웃음을 선사한 사람을 매력적으로 느끼게 하고, 계속 찾게 만든다. 또 웃음만큼 좋은 만병통치약이 없다. 웃음을 통해 병을 치료했다는 연구 결과도 있을 정도이니 말 다했다. 그만큼 유머는 삶을 풍요롭게 만들고, 인간관계와 성공에까지 영향을 준다. 그러니 랩으로 사람들을 웃게 만든다면 그보다 뛰어난 랩은 없을 것이다. 또 그런 만큼 랩으로 사람을 웃게 만드는 것은 쉽지 않다. 평소 너무 무게를 잡거나 공격적인 가사만 쓰기보다 재치 있는 가사로 사람들을 웃음 짓게 하는 감각도 키우기 바란다.

― 다이나믹 듀오Dynamic Duo 〈통 되는 BrothersThe Toong Bros (Feat. Topbob Of Komplex)〉의 랩 중 일부[31]

이 곡의 가사에는 클럽에 여자를 꼬시러 간 래퍼 개코, 최자, 그리고 톱밥이 등장한다. 하지만 단순히 놀자풍의 클럽송이 아니라 클럽에서 실제로 일어날 법한 상황을 코믹하게 연출하고 있다. 웃음에 대한

---

[31] 다이나믹 듀오, 《Band Of Dynamic Brothers》 앨범 11번 트랙. (2009).

Martin과 Lefcourt의 논문(1986)에서는 웃음이 일어나는 상황을 각성 이론, 불일치 이론, 우월성 이론의 세 가지로 설명하고 있는데, 그 중 불일치 이론에 따르면 기대와 상반된 일이 일어났을 때만 사람들이 웃는 것이 아니라, 기대와 불일치한 일이 일어났을 때에도 웃음이 생성될 수 있다고 주장한다.[32] 이 곡에서는 여러 번 여자에게 퇴짜를 맞고 결국 겨우겨우 여자를 보쌈 하듯 데리고 나왔는데 밝은 데서 보니 여자들보다 (우락부락하게 생긴 남자 래퍼) 최자가 더 예쁘다는 마지막 줄의 불일치성을 통해 웃음을 유발한다. 재밌지 않은가? 필자는 마지막 한 줄의 가사 때문에 이 곡이 자꾸 맴돌았고, 괜스레 이 래퍼들과 이미 친해진 느낌이 들었다. 동병상련이랄까.

⑨ 힙합 씬에 대한 이야기

한국 힙합 씬에서 활동할 목표를 가지고 있다면 당연히 한국 힙합 씬에 대한 관심이 필요하다. 그렇다면 한국 힙합 앨범의 역사와 뿌리를 살펴보는 것도 도움이 될 것이다. 또한 현재 한국 힙합 씬 공연이나 행사 등에 (관객이나 도전자, 스태프 등으로) 참여해 보는 것도 좋다. 당신이 어떤 계기로 힙합 음악과 랩을 하게 됐는지는 모르지만, 얕은 관심으로는 힙합 씬 리스너들의 사랑을 받기 힘들다. 그 사랑은 당신이 노력하고 먼

---

[32] 박행단, 「웃음치료프로그램의 노인 우울증 개선 효과에 관한 연구」, 중앙대학교 행정대학원 : 복지행정학과 사회복지전공, 석사학위 논문에서 재발췌. 2013. 31–32쪽.

저 주는 만큼 돌아오게 되어 있다. 어떤 뮤지션이 어떤 활동을 하고 있는지 알고, 그에 맞는 리스펙트를 표할 수도 있어야 하며 또 누군가에겐 쓴소리도 할 수 있는 비판적인 시각을 가져야 한다. 힙합 씬에 대한 애정이 있는 만큼 동료도 생기고, 자신이 맡은 역할이 무엇인지 빠르게 파악할 수 있을 것이다. 처음엔 그저 흥미와 재미르 힙합 씬에 뛰어들었다고 하더라도 훗날엔 책임감을 가지고 꾸준히 앨범을 발표하면서 한국 힙합 씬에 꼭 필요한 존재가 되기를 바란다.

Reload 난 봤어 서로를 물어뜯는 지옥

침묵하던 교실이 지목한 엄석대

"저 새긴 개새끼야" 너도 나도 일어섰네

저리 치워 손 떼 존나 멋없어 너네

이방원 과 이성계 마이클 과 돈 콜리오네

계속 계승된 피의 숙청은 말로가 뻔하지

희생양이 되줬다면 또 말로 갚아야지

황수관 MC들의 트윗 "질문답 하죠"

매일밤 피임되는 니 앨범은 질 문 밖 사정

난 누군가 또 여긴 어딘가

정신 똑바로 차려 여긴 ** 언더그라운드

우리가 사는 집 기둥을 세운 META

그 집을 먹여 살린 건 결국엔 ZICO 와 Jay Park

변색된 힙합 갈라진 녹색 피부색

달콤한 멜론을 따먹고 슬피 우는 새

자본주의를 부추기는 랩들

힙합안에서 멸종중인 Rap Hook

2013년 당시 한국 힙합 씬에는 일명 컨트롤 대란이 일어났다. 미국 래퍼 켄드릭 라마의 영향이 한국 힙합에까지 나비 효과를 일으킨 것이다. 스윙스를 시작으로 어글리덕, 이센스, 개코, 쌈디 등등 정말 많은 래퍼들이 컨트롤 비트에 랩을 담아 발표했다. 그동안 곪아 있던 고름들이 터지는 과정이었고, 서로간의 의견 차이로 싸움이 불 번지듯 커졌다. 그중 딥플로우의 이 곡에는 누군가를 향한 디스라기보다는 씬 전체를 향한 일침이 담겨 있다. 컨트롤 대란이 일어나자 퀄리티는 떨어지지만 너나 할 것 없이 빠르게 곡을 발표하기만 바빴고, 디스를 하지만 막상 그 상대 앞에선 인사를 나누는 모습을 꼬집고 있다. 또 그동안 참고 지내다가 군중심리로 움직이는 래퍼들을 멋없다며 비판한다. 한국 힙합 언더그라운드 씬의 시작이 가리온의 MC 데타이지만 정작 아이들그룹 출신의 지코와 박재범과 같은 뮤지션들이 더욱 열심히 씬에서 활동하고 영향을 주는 아이러니한 모습을 낱낱이 드러내고 있다. 힙합 씬에서 10년이나 머물며 그 본질을 지키고 있던 래퍼 딥플로우는 당당하게 자신의 메시지를 전하고 있다. 누군가에겐 불편하겠지만 한국 힙합 씬의 팬들

---

33 딥플로우, 《self control》 무료 공개 트랙. (2013).

에게 매우 통쾌함을 주며 주목을 받았다. 이 곡은 비록 한국 힙합 씬을 통렬하게 비판하고 있지만, 그만큼 힙합 씬에 대한 관심과 바르게 성장하기를 바라는 애정 역시 크기에 이런 메시지를 전달했으리라 생각한다. 한국 힙합은 성장통을 겪으며 세계 어느 나라 힙합 못지않게 크게 발전하고, 멋진 음악을 들려주고 있다.

⑩ 형상화하기

랩 작사는 일종의 문학적인 창조 행위에 해당한다. 시, 소설, 시나리오 등에서 활용되는 모든 표현기법들이 랩 작사 과정에서도 활용되기 때문이다. 실제로 묘사 위주의 글쓰기에서부터 공감각적인 형상화에 이르기까지 랩을 표현하는 문학적인 방법은 꽤 다양하다. 이중에서도 형상화[34] 하기는 글로 그림을 그려서 청자에게 생생한 이미지를 전달하는 것이다. 보통 시각, 촉각, 청각, 미각, 후각적인 심상을 활용해서 묘사를 한다.

> 움푹 파인 볼 살 더 좁아진 어깨
>
> 시뻘건 눈은 볼썽사나워 마치 똥개 같아
>
> 표정을 바꿔보지만 Know that I'm ugly

---

[34] 형체로는 분명히 나타나 있지 않은 것을 어떤 방법이나 매체를 통하여 구체적이고 명확한 형상으로 나타냄. 특히 어떤 소재를 예술적으로 재창조하는 것을 이른다.

　　　　　　　　　　　　　　　　　　　　　　　　　누구나 랩

전화를 걸까 하다 꽉 깨문 어금니

이것은 형상화하기 방법을 활용한 랩 가사이다. 이별을 겪고 패인이 된 한 남자의 모습을 시각적으로 표현하고 있는데, 특히 눈과 볼과 어깨의 모습을 눈으로 보듯 그려내 실연의 아픔을 생생하게 전달한다. 평소 오감의 심상을 활용해서 말하거나 글 쓰는 훈련을 하면 랩을 듣는 이로 하여금 그 감각을 떠올려 공감을 이끌어 낼 수 있다. 시각, 촉각, 청각, 미각, 후각적인 심상을 따로 분리해서 글쓰기 연습을 하는 것도 도움이 된다. 시각은 눈에 보이는 상태를 쓰면 된다. 예를 들어, '연갈색 눈동자가 작은 동굴처럼 박혀 있다'처럼 누군가의 얼굴을 나타낼 수 있다. 눈에 보이는 대상의 색깔, 길이, 크기 등을 쓰면 된다. 청각은 귀에 들리는 소리를 표현하는 것이다. '싱크대에서 물소리가 쏴, 하고 시원하게 퍼진다' 처럼 의성어를 활용하는 것도 좋다. 촉각은 몸의 느낌을 활용하면 된다. '벌레가 기어 다니듯 팔이 따끔거리고 간지럽다'처럼 따끔거리고 간지러운 느낌을 벌레가 기어 다니는 느낌에 비유할 수도 있다. 미각은 평소 좋아하는 음식의 맛을 표현하는 것으로도 연습이 가능하다. '짬뽕이 매콤하고 얼큰해서 속이 다 풀린다. 오징어가 부드럽게 씹히면서 고소한 맛을 낸다'처럼 미각을 표현할 수 있다. 후각은 향기에 집중해서 글을 쓰면

---

35 술제이&스티, 《들을진 모르겠지만》 앨범 1번 트랙. (2014).

된다. '향초가 타며 은은한 바닐라 향과 함께 심지가 그을려 내는 탄 냄새가 방 곳곳을 메웠다'처럼 평소 주변에서 나는 향기와 냄새를 떠올려 보면 된다. 시각, 촉각, 청각, 미각, 후각적인 심상을 다양하게 활용해 글을 쓰며 장면을 형상화하기 바란다.

⑪ 직유법

직유는 대상을 다른 사물이나 사람 등에 빗대어 말하는 방식으로 '~처럼', '~같이' 등으로 표현된다.[36] 자칫하면 식상해질 수 있는 표현도 다른 사물이나 사람, 상황 등에 빗대어 말하면 신선함을 더할 수 있다.

마지막 네 행동은 진짜 이상해

마치 내가 먼저 헤어지자 하길 바라네

라고 느낄 만큼 서글퍼 외롭고 슬퍼

질질 끌려 다녔던 나 마치 슬리퍼

니가 좋아하던 뮤지션들이 싫어져

그의 노래에도 우리의 추억이 흐르니까

복잡하고 무질서한 머릿속 좀 풀어줘

틀린 포지션을 잡은 선수처럼 헤매니까

---

36 신익호, 《현대 시론》, 박문사, 2014. 191쪽 참조.

누구나 랩

질질 끌고 다니는 성질을 가진 슬리퍼와 포지션 위치를 잘못 잡아 허둥대는 운동선수의 모습을 남녀의 관계에 빗대어 표현하고 있다. 영어로는 'like'로 표현하는데 한국어에서는 '~처럼', '~같이', '~인 듯이', '~인 것 마냥' 등등으로 사용한다. 감정을 나타내는 상태를 어떤 상황에 비유해서 연결해 보는 연습을 하면 좋다. 기분이 좋다, 라는 문장을 꾸미는 말을 써서 직유법을 활용해 보자. 어떨 때 기분이 좋을까를 먼저 떠올려 보자. 로또가 당첨됐을 때, 첫 키스를 했을 때, 첫사랑이 이루어졌을 때, 용돈을 받았을 때, 찍은 시험 문제가 다 맞았을 때, 앨범이 대박 났을 때, 맛집 탐방에 성공했을 때, 아버지가 병에서 완쾌하셨을 때 등 기분 좋은 상황을 떠올린 후에 '~처럼', '~같이', '~인 듯이', '~인 것 마냥'을 넣기만 하면 된다. '해외여행으로 프랑스에 첫 발을 디딘 듯이 너와 함께 하면 설레고 기분이 좋다'처럼 그 예시를 적을 수 있다. 반대로 나는 슬프다, 라는 문장을 꾸밀 수 있는 상황들을 떠올려 보자. 어떨 때 슬플지 떠올려 보자. 꼭 본인의 경험이 아니어도 주변에서 일어난 상황들을 적어도 된다. 전쟁이 나서 가족과 헤어졌을 때, 놀이동산에서 어린 아이가 길을 잃었을 때, 친했던 친구들에게 왕따를 당했을 때, 맛있게 먹던 아이스크림을 땅에 떨어뜨렸을 때, 막차를 간발의 차이로 놓쳤는데 택시비도 없을 때 같은 슬픈 상황을 찾아보자. 그 후 직유법을 활용해 글을 쓰면 된다. '고픈 배를 참고 맛집에 줄을 섰는데 내 바로 앞에서 마감이 끊긴 것처럼 슬퍼'처럼 적어볼 수도 있다. 직설적인 화법이 강한 힘을 가지고 있고 매력이 있지만, 돌직구만 던지지 말고 변화구도 섞어서 다양한 표현력을 섭렵하기 바란다.

⑫ 은유법

은유는 '~처럼', '~같이' 등의 연결어를 사용해 명백한 비교를 통해 드러내는 직유와는 달리 연결어가 없어지고 둘 사이의 관계가 'A는 B다', 또는 'A의 B'와 같은 형태를 취하는 비유를 말한다.[37] 즉 보조 수단을 사용하지 않고 원관념과 보조관념을 직접 연결시키는 비유 방식이다.

아마도 넌 나의 지붕 위의 바이올린

세월이 흘러도 잊지 못할 마릴린

많이 울었니 니 마음은 나의 오선지

네 잘못 아니니까 이젠 편히 웃음지어

– 술제이&스티 〈들을진 모르겠지만〉의 랩 중 일부

이 가사는 떠나보낸 여인을 '지붕 위의 바이올린', '마릴린'으로 비유하여 그녀의 소중함과 아름다움을 개성적으로 표현한다. 또 그녀의 마음을 래퍼가 부르는 노래가 음표로 수놓아지는 오선지라고 표현하고 있다.

---

[37] 신익호, 앞의 책, 191쪽 참조.

은유는 사물의 본뜻을 숨기고 주로 보조관념들만 간단하게 제시한다. 직유법에서처럼 ~처럼', '~같이' 등의 연결어는 쓰이지 않는다. 예를 들어 '눈은 동굴 같다'는 표현은 직유지만 '눈은 동굴이다'라는 표현은 은유이다. 직유는 어떤 사물(상황, 감정, 단어 등)을 다른 사물(상황, 감정, 단어 등)에 좀 더 뚜렷하게 비교한다면 은유는 본래의 의미를 표면에 나타내지 않고 비유만을 나타내는 표현법이다.[38] 은유를 쓰는 법을 살펴보자. 직유를 쓰는 것처럼 연관이 되는 사물(상황, 감정, 단어 등)을 떠올리고, 연결어 없이 곧바로 이으면 된다. 먼저 원관념으로 활용할 단어를 제시해 보자. 삶, 학교, 다이어트와 연관되는 말들을 자유롭게 떠올려 보자. 필자가 삶과 연관해서 떠올릴 수 있는 단어들은 꽉 막힌 고속도로, 대출 은행, 천만 권의 책 등이다. 보조관념으로 떠올린 이유들은 다양하지만 굳이 설명하지는 않겠다. 은유는 은근하게 이기지를 떠올리게 하고, 왜 그런 표현을 썼는지 상상하게 만들기 때문이다. 원관념과 짝을 이루는 보조관념을 찾았다면 둘을 문장으로 이어 보자. '삶은 꽉 막힌 고속도로이다. 삶은 대출 은행이다. 삶은 천만 권의 책이다.' 이렇게 은유를 써서 표현을 만들 수 있다. 학교, 다이어트도 마찬가지 방식으로 은유법을 써서 표현할 수 있으니 여러분도 도전해 보자.

---

38 은근한 비유로 직유보다 더 인상적인 표현을 할 수 있지만 은유를 너무 많이 쓰면 문장의 뜻이 모호해질 수 있다.

⑬ **의인법**

　의인법은 아이와 같은 상상력을 발휘할 수 있는 표현법이다. 사람이 아닌 대상을 사람처럼 행동하거나 감정을 느끼는 것처럼 표현하기 때문이다. 일반적인 상황도 낯설고 참신하게 살려낼 수 있다. 비슷한 표현법으로 활유법이 있는데, 활유법은 무생물에 생물적 특성을 부여하는 것이다. 쉽게 정리하자면 의인법은 사람으로 표현하는 것이고, 활유법은 살아 있는 것으로 표현한 것이다. 예를 들어, '돌이 숨을 쉰다'라고 하면 활유법이고, '돌이 바람이 흘러간 방향과 시간을 계산하고 있다'라고 하면 의인법이다. 사람이 아닌 대상을 사람처럼 설정해 대화를 하듯 의인법을 활용할 수도 있다.

함께 자란 그대는 너무나 애절한 찬란한 나의 사랑

아주 많이 모자란 내게 있어 유일한 자랑

그런데 왜 어쩌다 난 그런 당신과

날카로운 가시가 돋친 상처만 남기는 한심한 다툼을 했지

난 속내를 다 토해냈어 나의 왼손엔 마이크로폰 그럼 오른손엔 더

많은 돈을 꼭 쥐고 싶어 그 말에 그리 언짢아 할 필요는 없잖아

난 머지않아 당신을 먹여 살려야 해 그 말뜻이 뭔지 알아?

내 꿈만으로는 살 수 없다는 걸 알아야 해

랩 가사 속 화자는 사랑하는 연인에게 사랑과 존경을 표현하며 현실의 아픔을 토로한다. 고해라는 곡 제목으로 보아 자아성찰과 죄를 고백하는 어조로도 들린다. 사실 화자가 말을 걸고 있는 대상은 힙합이다. 순수하게 꿈을 좇아 음악을 시작했지만 돈에 휘둘리게 되고, 꿈을 부정하며 변해가는 내적갈등을 고해하듯 풀어낸 것이다. 이러한 가사는 콘셉트 표현방식이라고도 할 수 있으며, 힙합이라는 문화를 살아 있는 사람처럼 의인화시킨 의인법으로도 볼 수 있다. 사랑하는 연인으로 함께 성장했지만 의견이 달라 말다툼까지 했다는 설정으로 힙합이라는 대상을 사람처럼 표현한 것이다. 단순히 음악을 하면서 힘들었던 경험, 후회 등에 대해 말할 수도 있지만, 힙합을 연인으로 표현하며 가사를 신선하게 풀어내고 있다. 의인법을 쓰려면 어떻게 해야 할까? 우선 사람이 가진 특징이 무엇인지를 먼저 파악하는 게 좋을 것이다. 감정을 나타내는 말들을 풀어 써 보거나 사물들에 사람이 가질 수 있는 감정을 대입해 보는 것도 좋다. 사물을 제시할 테니 그 사물을 사람처럼 표현해 보기 바란다. 사물로 제시할 단어는 물, 구름, 빨래 건조대이다. 물에게 감정이나 사람들이 하는 행동을 대입해서 의인법으로 표현해 보자. '물이 웃는다.' '물이 엄마를 찾아 떠돌아다닌다.' '물이 행복해 하며 반짝반짝 미

---

39 Animato, DJ Tiz , 《Animatiz》 앨범 16번 트랙. (2013).

소를 짓는다.' '물이 수다를 떤다.' 이런 식으로 의인법을 활용할 수 있다. 마찬가지로 구름, 빨래 건조대도 같은 방식으로 의인법으로 표현해 보기 바란다.

⑭ 역설과 아이러니

역설과 아이러니는 일반적인 표현을 뒤집는다. 역설은 '말이 안 되지만 말이 되는 표현이다.' 사실 이 표현 자체가 역설이라 할 수 있다. 겉으로 보기에는 모순되지만 생각해 보면 근거 있는 진실일 수도 있는 이야기나 상황을 말한다. 아이러니는 흔히 반어법으로 번역해 쓰인다. 능청스럽게 시치미를 떼며 누군가를 놀릴 때 주로 쓰는 표현이다. "이야 너 참 대단하다"라는 말에는 두 가지 의미가 담길 수 있다. 문장 그대로 칭찬일 수도 있지만, 반어법이라면 대단하지 않은 상대를 대단하다고 빈정거리며 꼬집는 것일 수도 있다. 역설은 모든 것을 뚫을 수 있는 창과 어떠한 창으로도 뚫을 수 없는 방패가 함께 있는 모순적인 상황을 드러내고, 아이러니는 생각이나 상황과 반대되는 말을 해서 그 이면에 숨겨진 의미를 은연중에 드러내며 오히려 의미를 강조할 수 있다. 역설과 아이러니를 함께 살펴볼 때는 그 구분이 모호해지는 경우가 생기는데, 이는 두 표현법 모두 공통적으로 문맥에 드러난 표현과 드러나지 않은 표현이 존재하기 때문이다.

가진 게 없던 내게

네가 준 상처 덕분에

나도 주인공이 돼보네

in a sad love story

별 볼 일 없던 내게

네가 준 이별 덕분에

나도 주인공이 돼보네

in a sad love story

In this sad love story

되돌아보면

가슴을 찢어지게 하는데

하필 전부 명장면이네

— 에픽하이Epik High 〈연애 소설 (Feat. 아이유)〉의 노래와 랩 중 일부[40]

어릴 적

줄 서는 것부터 가르쳐 준 이유 이젠 선명해졌어

복잡한 인간관계, 그 자체가 역설

관계만 있고 인간이 낄 틈 하나 없어

---

[40] 에픽하이, 《WE'VE DONE SOMETHING WONDERFUL》 앨범 2번 트랙. (2017).

김소월의 〈진달래 꽃〉에는 '사뿐히 즈려 밟고 가시옵소서'라는 모순된 어법이 나온다. '사뿐히'와 '짓밟다'가 만나 역설적으로 독특한 의미를 형성한다. 편하게 가시길 바라는 마음과 너무도 아픈 감정이 뒤섞여 있는 것이다. 이는 또 반대로 '나를 두고 가지 말아 달라' 라는 말을 거꾸로 이야기한 아이러니한 표현일 수 있다. 위에 예시로 든 에픽하이의 가사에도 역설과 아이러니한 표현과 상황이 제시된다. 보통 주인공이라고 하면 긍정적인 측면이 더욱 강한 인물이지만 〈연애 소설〉에서 화자는 슬픈 이야기 속에 있는 비련의 주인공이다. 상대가 준 상처 덕분에 주인공이 되어 버린 역설적인 상황이며 '주인공으로 만들어줘서 참 고맙다.' 라고 말하는 듯해도 그 이면에는 아픔이 더욱 크게 담겨 있다. '가슴 찢어지게' 하는 '명장면' 역시 아름다운 시절 추억이 오히려 비수가 되어 꽂히는 모순된 상황과 감정을 표현한다. 아이러니는 인생 경험에서도 자주 쓰인다. 우리가 경험하는 어떤 사건이 기대와는 다르게 흘러갈 때 흔히

---

41 에픽하이, 《WE'VE DONE SOMETHING WONDERFUL》 앨범 4번 트랙. (2017).

아이러니하다 또는 운명의 장난이다, 라는 말을 자주 한다. 좋은 일인 듯했지만 결과적으로 좋지 않은 일이 되거나 좋지 않은 일인 듯했지만 도움이 되는 상황들을 겪어본 적이 있을 것이다. 〈연애 소설〉의 화자 역시 행복한 연애를 할 때는 모든 순간이 아름다웠지만 헤어진 지금 와서 생각하니 그 모든 장면이 비극이었던 것이다. 〈빈차〉에서도 역설과 아이러니가 잘 표현되어 있다. '복잡한 인간관계'가 왜 '관계만 있고 인간이 낄 틈이 없는' '역설'적인 상황인지를 '줄서기'를 통해 드러내고 있다. '인간'적인 정보다는 '관계'의 목적과 순차를 위해 얼른 누군가에게 붙는 소위 라인을 타는 '줄서기'를 우리는 어릴 때부터 배우고 있다. 이 표현에서 화자는 '인간'과 '관계'라는 말이 이미 모순인데 어찌 합성어로 붙어서 쓰일 수 있느냐, 라고 시니컬하게 되묻고 있는 것이다. 그리고 '평범해지는 게 두려워서 꾸던 꿈'이었지만 '이젠 평범한 게 부럽군'이라고 고백하며 인생의 아이러니함을 드러낸다. '자라지 않으면 성장통도 그저 pain'이라는 표현에서도 '성장통'이라는 단어를 해부해 역설을 드러낸다. '아프니까 청춘이다'라는 말이 본래 전하려 했던 그 의미는 청춘은 부딪히고 깨지며 자란다는 성장통을 비유하는 말이었지만 실제 너무 아픈 청춘의 삶이 그 말을 받아들이지 못했다. 마치 비꼬는 듯이 다가왔기 때문일 것이다. 내가 아픈 데 어떻게 그것이 성장이 되고, 경험이 될 것인가. 〈빈차〉의 화자 말처럼 그것은 그저 고통일 뿐이다. 역설과 아이러니를 쓰는 법은 일반적인 표현과 상황을 거꾸로 뒤집어 보는 것이다. '자유'라는 단어를 가지고 살펴보자. 사랑은 아름다운 구속이라는 표현이 있는데 '아름

답다'와 '구속'이 만나 역설적인 말이 된다. 자유는 보통 긍정적인 의미로 쓰이는데 어떻게 역설적으로 나타낼 수 있을까? '자유는 스스로를 통제할 때 생긴다.' '자유는 자기 생각에 갇혀 있는 것이다.' '무제한적인 자유는 오히려 자유를 죽인다.' '자유는 외로운 것이다.' 등으로 나타낼 수 있다. 이처럼 일반적으로 쓰이는 표현을 뒤집는 의미가 담긴 랩 가사를 여러분도 쓸 수 있게 되기를 바란다.

⑮ 사물의 성질 찾기

래퍼들은 사물을 세심하게 살피고 활용해야 한다. 그러려면 사물을 해부하듯 그 사물이 내포하고 있는 의미를 찾아보거나 사물과 연관이 되는 다른 사물과 의미들을 고구마 줄기처럼 캐낼 수 있어야 한다. 사물의 성질 찾기는 사물이 가진 특성을 하나하나 살펴보는 방법이다. ① 먼저 사물의 이름을 듣고 떠오르는 단어, 생각 등을 나열한다. 그 후 다시 ② 장점, ③ 단점, ④ 의인화, ⑤ 비교 대상이라는 범주로 사물을 분석해 보는 것이다. 예를 들어 종이컵으로 사물의 성질 찾기를 활용해 보겠다. 먼저 종이컵하면 어떤 단어나 생각이 떠오르는지 편하게 써 보자. 흰색, 작다, 재떨이, 쉽게 구겨진다, 물을 마실 때 쓴다, 자판기, 일회용, 환경 파괴, 종이, 나무, 둥글다, 네모난 종이컵, 실 전화기, 립스틱 자국, 입을 갖다 댄다 등을 떠올릴 수 있다. 종이컵의 장점은 소풍을 갈 때 가져갈 수 있다, 편리하게 사용한다, 분리수거한다, 가볍다, 실 전화기 놀이를 할 수 있다 등이 있다. 단점은 쉽게 구겨진다, 립스틱이 잘 묻는다,

쓰레기가 많아진다, 다시 쓸 수 없다, 많은 양의 물을 담을 순 없다 등이 있다. 종이컵을 의인화시켜 종이컵이 사람이라면 어떤 성격을 가지고 있을지 어떤 감정을 주로 느끼거나, 어떤 행동을 할지 상상해 보자. 바람둥이처럼 입술을 맞춘다, 줄을 잘 선다. 그릇이 작고 속이 좁다, 남을 위해 희생한다, 감상에 잘 젖는다, 쉽게 버림받아 상처 받는다 같은 표현이 가능하다. 종이컵과 비교되는 대상은 어떤 사물이 있을까? 종이컵의 종류를 적거나 종이컵보다 상위에 있다고 생각되는 컵이나 하위에 있다고 생각되는 컵의 종류를 적으면 된다. 네모난 종이컵, 둥근 종이컵, 플라스틱 컵, 도자기 컵, 1회용 소주 컵, 머그컵, 유리컵, 와인 잔 등등이 있다.

사물의 성질 찾기가 어떻게 활용이 가능한지 살펴보자. 직유법과 은유법에서 원관념과 보조관념을 나누듯이 연관되는 말들을 구분해서 찾을 수도 있고, 범주에 따라서 활용할 수도 있다. 자유롭게 떠오른 말들 중 '재떨이'를 넣어 '넌 재떨이로 쓰는 종이컵이야. 내 랩으로 털어 버려' 같은 표현도 가능하다. 장점에서 찾은 말들은 사랑이나 긍정적인 주제에 맞는 표현으로 쓸 수 있다. 예를 들어 '종이컵처럼 언제든 날 편리하게 사용해. 네 맘을 담아낼 때 난 쓸모 있어' 정도의 표현으로 쓸 수 있다. 단점에서 찾은 말들은 이별이나 상대를 낮추거나 비판하는 주제에 맞는 표현으로 활용 가능하다. 예를 들어 '네 마음의 크기는 겨우 종이컵 정도라 날 다 담을 수 없어' 또는 '종이컵처럼 네 랩은 한 번 쓰고 버려져' 정도로 표현할 수 있다. 의인화 자체가 색다른 표현이기에 의인화시킨 표현 자체로도 하나의 멋진 표현이라고 볼 수도 있다. 이를 조금 변형해서 써 본다면, '종이컵은 바람둥이. 누구의 입술이든 쉽게 훔치지' 정도로 쓸 수 있다. 비교 대상에서 찾은 말들은 나를 높이는 가사에서 활용이 가능하다. '난 고급 와인 잔, 넌 일회용 종이컵'처럼 쉽게 쓸 수 있다. 지금까지 종이컵을 사물의 성질 찾기 표현을 활용해 분석하고 예문을 만들어 보았다. 마찬가지로 주변 사물 중 대상을 정해 분석하고, 좋은 표현으로 만들어 보기 바란다.

⑯ 사람의 성질 찾기

사람의 성질 찾기 또한 사물의 성질 찾기와 방법은 비슷하다. 우선 ① 모두가 알만한 유명한 사람을 정한다. ② 그 사람의 특징이나 성질을 떠오르는 대로 적는다. ③ 장점을 적는다. ④ 단점을 적는다. ⑤ 그 사람과 비교되는 라이벌이나 관련된 사람이 있다면 적는다. ⑥ 그 사람이 발표한 노래 제목, 영화, 드라마, 프로그램 이름, 그림 제목, 유행어 등을 적는다. 국민 MC 유재석을 위 범주에 맞춰 적어 보자. 메뚜기, 1인자, 무한도전, 국민 MC, 마봉춘, 착하다, 돈이 많다, 잘 나간다, 강남스타일, 안티가 없다, 안경, 춤 등등이 떠오른다. 장점은 웃기다, 착하다, 진행을 잘한다, 인맥을 잘 쌓는다, 프로그램을 많이 한다, 돈을 잘 번다, 몸이 좋다, 등이라고 할 수 있다. 단점은 생략한다. 연관이 있는 인물은 무한도전 멤버들인 박명수, 하하, 정준하, 양세형 등이 있다. 작품으로는 런닝맨, 무한도전, 놀러와, X맨, 말하는 대로, I'm so sexy 등이 있다. 사람의 성질 찾기 또한 사물의 성질 찾기처럼 활용이 가능하다. 자유롭게 떠오른 말들 중 '안티가 없다'라는 말을 넣어서 '난 유재석처럼 안티가 없지'라고 적을 수 있다. 장점을 활용해서는 '유재석처럼 곡을 잘 진행해'라는 표현을 쓸 수 있다. 연관이 있는 인물을 활용해서 '유재석 주변 하하처럼 늘 웃음이 따르지'라고 쓸 수도 있다. 작품 제목을 활용해서 '유재석은 없지만 놀러 와'라는 표현을 쓸 수 있다. 사람의 성질 찾기는 주로 작품의 제목을 많이 활용하는 편이다. 유명인과 그 사람이 발표한 작품의 제목을 직유법으로 연결하기만 해도 된다. '박재범처럼 내 기분은 하이어', '아, 이유 없이 밤 편지를 적어', '박진영처럼 난 너 뿐이야', '트와이스처럼 내 기분도 TT', '아무리 술제이타고 해도 이건 OKAY를 못해' 등 일반적일 수 있는 표현에 신선함을 불어넣을 수 있다.

⑰ 동음이의어 펀치 라인

래퍼들이 가장 많이 연구하고 활용하는 동음이의어[42] 언어유희는 쉽게 설명하자면 한 줄의 표현에서 동음이의어가 가진 두 가지 이상의 성질을 동시에 전달하는 것을 뜻한다.

윷놀이라면 좋을 텐데 성격은 모났어

얼굴은 피박 쓴 화투판 마냥 못났어

---

42 두 개 이상의 낱말이 우연히 소리만 같을 뿐 전혀 다른 뜻으로 사용되는 경우에 이 낱말들을 동음이의어라 한다.

'모나다'라는 말은 윷놀이에서 윷을 던져서 모가 나왔다는 말이지만, 성격이 뾰족하다는 의미이기도 하다. '못났다'라는 말은 얼굴이 못 생겼다는 의미도 있지만, 화투에서 점수를 내지 못했다는 뜻이기도 하다. 또 '물올랐다'라는 표현은 비가 내려서 말 그대로 물이 '흘러 넘친다'라는 뜻도 되지만, 실력 등이 최상의 상태라는 뜻도 된다. 또 '대박을 치다'라는 표현은 성공을 했다는 말이지만 '치다'라는 동음이의어가 가진 또 다른 속성인 '때린다'라는 의미를 말장난으로 활용해 멀리 날아가는 공을 잡듯이 물러서서 랩을 들으라고 경고하고 있다.

동음이의어를 활용해서 언어유희를 하는 것은 언어적인 센스가 뛰어나야 하므로 곧바로 한 줄의 표현으로 적는 것이 그리 간단하지는 않다. 그래서 동음이의어 언어유희 표현을 위한 접근 방식을 'A B D 법칙'으로 풀어서 설명할 수 있다. 'A B D 법칙'은 필자가 제시하는 방법으로 다음과 같다.

첫째, 동음이의어의 기본 성질(단서) A를 말한다.

---

43 술제이&매트루스, 《Transformation》 앨범 2번 트랙. (2011).

둘째, 동음이의어의 또 다른 성질(단서) B를 말한다.

셋째, 동음이의어 D를 말한다.

'A B D 법칙'은 동사의 사용이 같을 때 사용 가능하다. 또 A와 B의 위치를 바꿔도 사용 가능하며, A와 B 중 하나만 말해도 가능하다. 동음이의어 언어유희의 예시는 다음과 같다.

① 항구처럼 강호동은 배 나왔어.

② 윷놀이라면 좋을 텐데 성격은 못났어.

③ 넌 본죽 알바생 곧 죽을 준비해.

①번에서 A는 '항구' B는 '강호동' D는 '배 나왔어'

②번에서 A는 '윷놀이' B는 '성격' D는 '못났어'

③번에서 A는 '본죽 알바생', D는 '죽을 준비해'를 제시해 동음이의어 언어유희 기법을 쓰고 있다.

'A B D 법칙'을 정리한 이유는 동음이의어가 가진 기본 성질(단서)을 먼저 단순하게 나눠서 생각해 보기 위해서다. 한꺼번에 두 가지 의미를 한 줄로 줄이는 것은 어렵다. 반대로 동음이의어가 가진 성격을 따로 떼어 내서 적어 성질을 파악해 한 줄로 합쳐 보는 것이다. 시작은 아주 간단하다. 우선 동음이의어를 하나 찾는다. 그리고 그 동음이의어가 들어가는 한 줄의 문장을 동음이의어의 뜻을 달리해서 2개에서 3개 이상을 나눠서 적어 본다. 예를 들어 '사과'라는 동음이의어를 찾았다면 ① 잘못을 하면 '사과'를 해야 한다. ② 아이폰의 로고는 베어 문 '사과'다. 이와 같이 가볍게 동음이의어가 들어간 문장을 따로 적고 동음이의어 '사과'를 나타내는 성질인 ①번에서의 '잘못'과 ②번에서의 '아이폰'을 활용해 '넌 잘못하고 아이폰처럼 사과해'와 같은 동음이의어를 활용한 언어유희를 쓸 수 있다. '잘못'이 A, '아이폰'이 B, 그리고 '사과해'가 동음이의어 D로 쓰인 것이다

동음이의어 '풀'로도 예를 들어 보자. 풀의 동음이의어들이 가진 의미는 ① 봉투를 붙이는 풀, ② 겨울이 되면 죽는 풀, ③ 잔소리를 듣고 죽는 풀, ④ 스케줄 풀_{full}이다 등이 있다. 이렇게 동음이의어가 들어가는 여러 문장을 적어 보면 동음이의어가 가진 성질(단서)을 쉽게 발견할 수 있다. ①번에서는 '붙인다'라는 성질을 발견했고, ②번에서는 '겨울', '죽는다'라는 성질을 발견했고, ③번에서는 '잔소리', '죽는다'라는 성질을 발견했고, ④번에서는 '스케줄'이라는 성질을 발견했다. 찾아낸 성질들이 A 또는 B가 되며 이를 다양하게 조합해서 한 줄의 동음이의어 표현을 쓸 수 있다. ①번에서 '붙인다'라는 성질과 ④번에서 '스케줄'이라는 성질을 조합해서 '난 성공과 딱 붙었어. 스케줄이 풀이야'라고 쓸 수 있다. 또는 ②번에서 '겨울', ③번에서 '잔소리'를 활용해서 '엄마의 잔소리에 겨울철처럼 풀이 죽어'라고 동음이의어를 활용한 글쓰기를 할 수도 있다.

이 과정을 생략하고 동음이의어 언어유희 표현 몇 가지를 더 적어 보

겠다. '어떤 비트든 죽처럼 쉽게 소화혀.', '한의원처럼 관객들은 내 침을 맞아.', '기도드릴 때보다 더 나이키 매장에서 신을 찾지.' 각 표현에서 동음이의어를 찾고, 그 성질(단서)을 표현하는 A, B가 어떻게 조합됐는지 분석하다 보면 동음이의어를 직접 활용하는 데 도움이 되리라 생각한다.

지금까지 메시지의 표현에 대해 살펴보았다. ⑰번까지 분석해 보았는데 사실 세상에 나와 있는 글감이나 표현법을 모두 설명하기에는 그 내용이 너무나 방대하다. 대략적으로 주로 쓰이는 메시지의 표현에 대해 알아보았을 뿐이니 더 많은 음악을 듣고 랩 가사를 읽어 보면서 장르에 관계없이 독서를 꾸준히 하기를 권한다. **래퍼들은 글을 정말 잘 쓴다. 그리고 글을 잘 쓰는 래퍼가 오래 기억에 남는 법이다. 자신만의 문체를 찾을 수 있도록 문장을 갈고 닦고 자신을 담금질하기 바란다.**

라임(Rhyme)

1. 라임의 개념

라임Rhyme이란 랩에서 빼놓을 수 없는 필수 요소이며 약속 체계이다. 라임은 문장에 반복적인 리듬감을 부여해 음악성을 가지게 한다.[44] 라임은 시에서도 쓰이는 형식 요소이며 래퍼마다 조금씩 다르게 그 체계를 정의한다.

---

[44] 폴 에드워즈, 《하우 투 랩》, 한스미디어, 2011. 114쪽.

진채원은 "라임이란 우리나라 시의 운율에 해당하는 요소로 언어적 운율을 말하고, 단어의 조합을 통해 운율을 가져오는 방법으로 랩 음악에 있어서 매우 중요하다."[45] 라고 말한다. 또 폴 에드워즈의 저서《하우 투 랩》[46]과 이철희의 「랩의 기보법 및 분석방법에 관한 연구」[47]에서는 주로 라임의 종류를 통해 라임을 설명한다. 그리고 자음 또는 모음의 발음이 유사한 경우를 라임이 되는 전제로 둔다. 《누구나 랩》에서도 마찬가지로 라임의 형성 조건을 '발음의 유사성'에 중점을 두고 종류를 구분하고자 한다. 눈으로 읽을 때는 라임이 되지 않을 것 같은 글자도 발음을 통해 라임으로 만들 수 있기 때문이다.

한국의 시에서 음위율[48]은 일반적으로 문장의 구조를 통해 분석해 왔다. 두운[49], 요운[50], 각운[51]을 음위율에서 문장 구조로 분석했던 것과는 다르게, 랩에서의 라임은 문장 구조보다 단어에 집중해서 나타나는 경우가 많다. 그러므로 '단어에 집중해서 두운, 요운, 각운으로 구분하는

---

45 진채원, 「랩(Rap)을 활용한 판소리 교수-학습 방안 연구 : 판소리의 운(韻)과 랩의 라임(Rhyme)을 중심으로」, 경북대학교 교육대학원 석사학위 논문, 2012. 12쪽.

46 폴 에드워즈, 위의 책, 114-145쪽 참조.

47 이철희, 「랩의 기보법 및 분석방법에 관한 연구 : 한국 댄스음악 속 럽 메이킹 테크닉을 중심으로」, 경희대학교 아트퓨전디자인대학원 석사학위 논문, 2013. 48-54쪽 참조.

48 음위율인 압운은 일정한 위치의 소리 반복에 따른 언어적 조화음의 구성으로, 동일한 어휘 반복이 아닌 음성 차원의 동일한 음(음소)의 반복이다. 압운에는 위치에 따라 유사한 소리가 반복되는 두운, 요운, 각운 등이 포함된다. 신익호, 《현대 시론》, 박문사, 2014. 131쪽.

49 똑같은 낱말들이 시행의 첫머리에서 동일한 자음이나 모음의 음소가 반복되는 현상. 신익호, 위의 책, 131쪽.

50 똑같은 낱말들이 시행의 중간 위치에서 동일한 자음이나 모음의 음소가 반복되는 현상. 신익호, 위의 책, 131쪽.

51 2행 이상의 시행의 말미에 동일한 자음이나 모음의 음소가 반복되는 현상. 신익호, 위의 책, 131쪽.

것이 랩 창작에 유용할 것이라 생각된다.'[52] 라임은 발음이 유사하면 형성되므로[53] 명사에만 국한되는 것이 아니라 형용사, 동사 등도 모두 라임의 체계에 포함된다. 한 글자가 비슷하거나 똑같으면 1음절 라임, 두 글자가 비슷하거나 똑같으면 2음절 라임, 세 글자가 비슷하거나 똑같으면 3음절 라임 등으로 분석하고 구분하는 것이 가능하며(글자 길이가 더 늘어나도 마찬가지이다), 라임이 되는 단어들의 글자 수가 동일하지 않아도 된다. 두 글자 단어가 한 글자, 세 글자 단어 혹은 네 글자 단어 등과도 라임이 형성될 수 있다는 말이다.

2. 라임의 종류

① 랩에서의 두운

머리글자가 똑같거나 비슷한 소리로 발음될 때 생기는 라임이다. 예를 들어 '심장'이라는 단어에서 두운의 위치는 '심'이다. 그러므로 심으로 시작되는 단어 또는 심과 비슷한 소리로 발음되는 '시, 신, 실' 등으로 시작되는 단어를 찾으면 심장과 두운을 이룬다. 이때 글자 수가 반드시 똑같은 두 글자가 아니어도 무관하다.

---

52 《누구나 랩》에서는 시가에서의 두운, 요운, 각운의 정의를 문장이 아니라 '단어에 집중해서' 앞 글자를 두운, 중간 글자를 요운, 끝 글자를 각운이라고 정의하려 한다. 소리와 관계없이 글자 수를 맞춰서 라임을 살리거나 비슷한 억양을 통해서 라임으로 표현하는 방법에 대해서는 따로 다루지 않았다.

53 폴 에드워즈, 앞의 책, 120쪽.

② 랩에서의 요운

가운데 글자가 똑같거나 비슷할 때 생기는 라임이다. 사실 요운만을 따로 찾는 경우는 많지 않다. 주로 글자 수만큼 똑같거나 비슷한 소리가 나는 단어를 찾은 후에도 라임이 잘 떠오르지 않을 때 끝 글자인 각운 또는 첫 글자인 두운만을 맞추는 경우가 대부분이다. 세 글자 단어로 요운의 예를 찾아보자면 다음과 같다.

③ 랩에서의 각운

끝 글자가 똑같거나 비슷한 소리로 발음될 때 생기는 라임이다. '심장'이라는 단어에서 각운의 위치는 '장'이다. 그러므로 장으로 끝나는 단어 또는 장과 비슷한 소리로 발음되는 '잔, 잘, 잣' 등으로 끝나는 단어를 찾으면 심장과 각운을 이룬다. 이때 글자 수가 반드시 똑같지 않아도 상관은 없다.

라임을 찾을 때 두운과 각운을 나눠서 찾기보다는 위에서 찾은 단어
중 '시장', '실장', '시작', '신장'처럼 글자 수만큼 똑같거나 비슷한 소리가
나는 단어를 찾는 것이 좋다. 그리고 라임은 보통 두운보다는 각운을 더
많이 활용하는 편이다. 왜냐하면 각운은 단어의 간격이 한 마디 정도
떨어져 있어도 그 여운이 남지만 두운 같은 경우는 가까이 배치되지 않
고 떨어져 있으면, 라임으로써 작용을 제대로 하지 못할 때가 많기 때
문이다.

폴 에드워즈는 《하우 투 랩》에서 그 밖의 라임의 종류로 다음절 라
임, 퍼펙트 라임, 모음운 라임, 자음운 라임으로 구분했는데[54] 《누구나
랩》에서도 한국어에 맞게 예를 들어 다루어 보고자 한다.

④ 다음절 라임

글자 길이가 네 글자 이상 비슷할 때 생기는 라임이다.[55] 라임은 보통

54　폴 에드워즈, 앞의 책, 114–126쪽.

55　폴 에드워즈, 앞의 책, 122쪽.

두 글자 또는 세 글자의 명사를 주로 쓰지만, 네 글자 이상의 단어 또는 문장이 비슷한 소리로 들리는 라임을 만들 수도 있다. 그만큼 만들기가 쉽지 않아서 수준 높은 라임으로 인정받는다.

다음절 라임을 이루는 문장 – '거짓말을 보태' / '거지만도 못해'

위의 예시처럼 6글자 혹은 그 이상의 문장 길이 전체가 비슷한 소리로 발음되는 다음절 라임을 만들 수 있다. 랩에서 라임을 많이 쓰거나 다음절 라임이 있다고 해서 무조건 좋은 랩 가사라고 할 수는 없다. 좋은 메시지와 자연스럽게 어울리는 라임을 잘 배치하는 것이 양적으로 라임만 많은 랩보다 좋을 수 있기 때문이다. 하지만 라임 찾기는 랩 가사 쓰기의 시작이라고 할 만큼 중요한 랩의 기본 중의 기본이다. 그래서 래퍼들은 자기만의 라임 노트에 좋은 라임 표현이나 아이디어 등을 메모하며 다른 래퍼들과는 다른 라임의 체계를 만들기 위해 고민한다.

⑤ 자음운 라임

초성 자음이 같을 때 생겨나는 라임이다.[56] '파'와 '피', '추과'와 '챙피', '항구'와 '호기'처럼 초성이 같을 때 자음운라임이라고 한다. 하지만 모음

---

[56] 폴 에드워즈, 앞의 책, 120쪽.

과 달리 초성만 같은 경우에는 된소리나 거센 소리가 나는 자음으로 라임을 맞춰도 라임의 느낌을 살리기 어려울 수 있다. 라임이 되는 글자간의 간격이 가깝거나 일부러 강세를 주는 방식으로 라임을 살릴 수는 있지만 그리 많이 쓰이지는 않는다. 하지만 자음운 역시 소리에 중요한 영향을 준다는 걸 잊지 않고, 자음을 잘 맞춰 라임을 찾는다면 독특한 라임 형식을 구현할 수 있을 것이다. 그러니 모음과 함께 자음까지 라임을 맞추려 노력하기 바란다.

⑥ 모음운 라임

모음이 같거나 유사한 소리가 나는 모음으로 라임을 만드는 것이다.[57] '고기'와 '오이', '공강'과 '도합', '책상'과 '개막' 등을 예로 들 수 있다. 중성인 모음이 소리의 중심이 된다. 모음만 맞춰서 라임으로 활용할 경우에도 어느 정도 운율감을 형성하는 데 도움을 주지만 그리 좋은 라임이라고 보기는 어렵다. 초성과 종성 역시 소리에 영향을 주기 때문에 한 가지 라임만 기준으로 두기보다는 전체적으로 라임을 맞추려는 노력을 하기 바란다. 라임에 대해 가장 많이 오해하는 부분이 바로 모음운 라임인데 모음만 맞추면 라임이 된다고 생각하기 때문이다. 물론 모음운 라임으로 활용은 가능하지만 적어도 초성 자음 또한 같거나 비슷한 상태에

57　폴 에드워즈, 앞의 책, 117쪽.

서 중성 모음을 맞춰야 좀 더 잘 들리는 라임을 이룰 수 있다.

⑦ 퍼펙트 라임

　폴 에드워즈의 《하우 투 랩》에서는 "하나의 단어가 다른 단어와 동일한 발음으로 끝나는 것을 퍼펙트 라임perfect rhyme이라고 한다."[58] 이철희의 논문에서는 그에 덧붙여 퍼펙트 라임이란 "초성이 다르더라도 발음이 동일하게 발화되어 끝날 경우 퍼펙트 라임으로 분류한다"[59]라고 설명한다. 퍼펙트 라임이란 말을 한국어로 의역하면 '완벽한 라임'이라 할 수 있다. 하지만 단순히 동일한 발음이 나는 단어라거나 초성이 달라도 발음이 동일할 경우를 완벽한 라임이라그 보기에는 설명이 부족하다. 다른 종류의 라임 역시 발음을 기준으로 두운, 요운, 각운, 자음운, 모음운 등으로 구분했기 때문이다. 퍼펙트 라임이라는 용어에는 라임이 보다 완벽하다는 의미가 담겨 있다. 따라서 《누구나 랩》에서는 초성 자음과 중성 모음이 같거나 비슷하고, 글자 수만큼 똑같거나 비슷한 소리가 나는 글자를 '퍼펙트 라임'으로 간주하고 논의를 전개하고자 한다.

　정리하자면 퍼펙트 라임은 초성 자음과 중성 모음이 같거나 비슷하고, 글자 수만큼 똑같거나 비슷한 소리가 나는 라임이다. '토마토'와 '토

58　폴 에드워즈, 앞의 책, 116쪽.

59　이철희, 앞의 논문, 28쪽.

막토'막, '글자'와 '큰 자', '전봇대'와 '전복돼'처럼 글자 수만큼 초성 자음과 중성 모음이 같거나 비슷한 단어를 퍼펙트 라임을 이룬다고 할 수 있으며, 이는 좋은 라임의 기준이 된다. 글자의 길이만큼 라임이 주는 리듬감이 확장되고, 라임의 수준을 올려놓는 효과가 있다. 사실 퍼펙트 라임이라는 표현은 《하우 투 랩》에서 처음으로 접한, 필자에게는 낯선 표현이다. 좀 더 완곡하게 표현하면 좋은 라임이 아닐까 한다. 좋은 라임을 찾기 위해서는 라임 노트를 채워가며 좋은 라임을 이루는 단어와 문장들을 적고 잘 활용해야 할 것이다. 그러니 라임의 종류에는 무엇이 있다는 것을 외우려 하기보다는 많은 단어들을 익혀서 좋은 라임을 찾는 노력을 꾸준히 하기 바란다.

3. 한국어의 특징에 맞춘 라임 찾기

라임이란 다른 글의 형식과 다르게 랩 가사라는 장르를 특징짓는 요소이다. 래퍼는 라임을 계속해서 찾거나 만드는 훈련을 통해 좋은 랩 가사를 쓸 수 있다. 단순하게 발음의 유사성을 통해 접근하기보다 한국어의 특징을 알고, 단계별로 라임을 찾으면 더 쉽게 좋은 라임을 찾아 활용할 수 있다. 필자가 제시하는 라임을 찾는 단계는 다음과 같다.

① 초성, 중성, 종성이 똑같은 글자를 찾는다
라임이란 발음했을 때 '똑같거나' 비슷한 소리가 나는 글자이다. 그러므로 우선 '똑같은' 소리가 나는 글자를 찾는 것이 출발점이다. '심장'이란 단어와 각운을 이루는 단어를 찾는다면, 똑같은 '장'으로 끝나는 '간장', '고추장', '된장', '미장', '시장', '고장' 등의 단어를 찾는 게 가장 쉬운 접근 법이다.

② 종성 받침 자음을 바꿔본다

종성은 마지막에 발음되므로 빼거나 바꿔도 소리에 큰 영향을 주지는 않는다. 매우 엄격하게 라임을 정의할 경우, 울림 소리와 닫힌 소리를 구 분해서 종성을 분류하기도 한다. 하지만 울림 소리와 닫힌 소리조차 입 으로 발음할 때 효과를 달리할 수 있고, 그처럼 종성을 구분하여 라임 을 만들 이유가 없다는 점에서, 단순하게 종성을 빼거나 바꿔 보는 것이 쉽고도 유용한 창작방법이 될 수 있다. 예를 들어 '심장'이란 단어의 각 운이 되는 '장'의 받침을 바꿔서 '자', '잔', '잘' 등으로 끝나는 글자를 찾 는 것이다. 그러면 '기자', '한잔', '곧잘' 등으로 라임을 만들 수 있다.

③ 중성 모음은 가능한 한 그대로 둔다

모음은 소리의 기둥이 되는 부분이기 때문에 모음은 웬만하면 그대 로 둔다. (그 때문에 모음은 라임이 가장 많이 활용되는 것이다.) '심장'이란 단어 에서 '장'의 모음만 바꿔보면 '중', '정', '징' 등이 되는데 소리의 차이가 크 고 라임으로 작용하기 어렵다는 것을 금세 알 수 있다. 하지만 모음 중 에서도 'ㅏ'와 'ㅘ' / 'ㅕ'와 'ㅛ' / 'ㅚ'와 'ㅙ' / 'ㅔ'와 'ㅐ', 'ㅖ' / 'ㅣ'와 'ㅟ', 'ㅢ' 처럼 바꿔도 그 소리가 비슷한 모음이 있다. 위의 모음들을 굳이 외울 필요는 없다. 발음을 통해 분류하는 것이 가장 쉽다.

④ 초성 자음은 비슷한 모양의 글자로 바꿔 본다.

초성 자음을 바꿀 때는 그 자음과 예사소리, 거센소리, 된소리가 되는 자음으로 바꿔도 비슷한 소리가 난다. 예를 들어 'ㄱ,ㅋ,ㄲ/ㄷ,ㅌ,ㄸ/ㅂ,ㅍ,ㅃ' 등이 있고, '심장'의 '장'에서 '짱', '창' 등으로 글자를 바꿔 쌈'짱', 막 '창' 등으로 각운을 맞출 수 있다.

4. 라임 활용의 주요 방법[60]

다음에서는 ① 한국어의 어순을 도치해서 명사를 끝에 놓는 방식, ② 마디 끝에 라임을 올리는 방식, ③ 라임을 조립하듯이 글을 쓰는 방식 등을 한국어 라임 활용의 주요 방법으로 제시한다.

---

60 한국 힙합 라임의 선구자이자 교과서라 할 수 있는 래퍼 피타입이 직접 설명하는 각운 노트에서는 한국어의 문장 구조의 어순을 바꿔 라임을 활용하는 방법과 문장이 아닌 음악에서 라임을 활용하는 방법을 제시한다. 이처럼 한국어로 라임을 활용하는 방법에 대해 다루고자 한다는 점에서, 필자는 피타입의 접근 방식을 참고하였으며 그의 음악과 랩에서 많은 영향을 받았음을 밝힌다. 또한 이 자리를 빌려 감사 인사를 전한다. 피타입이 직접 설명하는 각운 노트, 네이버 뮤직, 뮤직 스페셜. (http://music.naver.com/promotion/specialContent.nhn?articleId=4102)

① **도치법을 활용한다**

한국어는 문장의 구조상 명사가 끝에 오기가 어렵고, '–다, –니, –요, –까' 등으로 주로 문장을 끝맺는다. 하지만 평소에 말하는 문장 구조로 랩 작사에 접근하면 음악적인 느낌보다는 말을 박자에 맞춰서 한다는 느낌에 그치기 쉽다. 그래서 랩 가사는 영어식의 문장 구조로 문장을 변형하여 명사로 말을 끝맺는 경우가 많다. 그렇게 하면 도치가 되는 경우가 많은데, 문장을 파괴해 어색하게 끝맺는 것이 아니라 도치법을 활용해서 주어나 목적어를 서술어로 뒤로 보내 의미적으로 강조하는 식이 되는 것이다.

> 이론은 뗐고 진도를 나가야 돼 앞으로
> 근데 셜록 홈즈도 이 문젠 못 풀어
> 난이도가 높아 계속 날 시험해
> 네 맘을 알고파도 겨우 맛만 보는 ㅅ 음회
>
> – 술제이&펄케이Pearl:K의 〈두근두근 Luv Tok〉의 랩 중 일부[61]

'진도를 앞으로 나가야 돼'라고 문장을 쓸 수도 있지만 '앞으로'를 문장의 끝으로 보내 '못 풀어'와 라임을 맞추고 '시음회'라는 명사를 마디의 끝에 배치해 '시험해'와 라임을 이루게 했다. 이 경우, 문장의 구조에 변

---

61 술제이&펄케이, 《두근두근 Luv Tok》 앨범 1번 트랙. (2014).

형을 줘서 라임으로 선택할 수 있는 단어의 폭이 늘어나고, 보다 음악적인 표현을 쓸 수 있다.

② 마디의 끝에 라임을 올린다

랩 가사는 눈에 보이는 문장대로 표현되는 것이 아니라 박자의 뼈대가 되는 드럼의 킥, 하이엣, 스네어[62] 위에서 계산적으로 배치된다. 그래서 눈으로 보기에 라임이 문장의 처음이나 중간 또는 끝에 배치된다고 해도 비트 위에서 발음했을 때는 그 위치가 달라진다. 이 부분은 랩의 구성 요소 중 세 번째인 플로우Flow에 대해 설명한 다음에 제3부에서 라임의 기본적인 배치도와 함께 보다 구체적으로 밝혔다. 우선 가볍게 설명하자면, 라임은 기본적으로 주로 마디의 끝에 배치한다.

③ 라임을 조립하며 문장을 쓴다

라임은 메시지와 조화를 이루며 써야 한다. 또한 라임에 집중해서 글을 쓴다면 박자를 구성하는 마디의 어느 부분에 배치되건 반복적으로 배치하는 게 중요하다.

랩 게임은 전장이자 직장 난 매일 출근해

몇 글자 적자 적잖은 적은 또 적자 후줄근해

---

[62]　드럼에 관한 설명은 3부 내용 중 마디 수를 세는 방법에서 보다 자세하게 설명했다.

위 랩은 라임을 어느 한 곳이 아니라 문장 곳곳에 배치해 반복하면서 리듬감을 최대한 살리고 있다. 라임을 타이트하게 배치하는 것도 래퍼의 스킬 중 하나라고 할 수 있다. 하지간 라임이 많다고 해서 무조건 좋은 랩은 아니다. 억지스러운 표현이 섞여 있거나 라임만을 강조해 전달력이 떨어지는 경우가 생기기 때문이다. 억지 라임으로 글의 문맥이 이

---

63 아날로그태그, 《Name Tag》 앨범 2번 트랙. (2012).

상해지거나 문장의 완성도가 떨어지면 오히려 전체 랩의 느낌을 해칠 수 있다. 따라서 좋은 내용과 함께 라임이 잘 어우러져야 한다. 또한 라임에만 집중해서 플로우를 만들면 플로우가 라임에 휘둘려 단조롭거나 어색해지는 경우가 생긴다. 메시지와 라임, 그리고 플로우까지 모두 조화롭게 들려 듣는 이로 하여금 흥미와 재미를 느낄 수 있게 노력해야 한다.

플로우(Flow)

1. 플로우의 개념과 종류

플로우란 곡 안에 담긴 리듬과 라임을 뜻한다.[64] 그리고 보통 플로우라고 하면 가볍게 흐름이라고 칭한다. 랩의 흐름이란, 박자의 뼈대를 이루는 킥, 하이엣, 스네어를 기준으로 배치되는 글자 수당 속도를 기억하고 표현하는 것이다. 플로우를 달리 설명하자면 '비트 위에 언어를 어떤

---

64 폴 에드워즈, 앞의 책, 93쪽.

식으로 올리고 어떻게 발음하느냐에 따라 생겨나는 흐름'이라고도 할 수 있다. 플로우 형성에 영향을 주는 요소는 글자 수, 읽는 속도, 톤, 숨소리, 쉬는 여백, 멜로디, 발음 등 정말 다양하다. 이철희의 논문에서는 플로우를 라임으로 설명한다.[65] 라임이 플로우를 형성하는 하나의 요소이긴 하지만, 플로우는 랩의 구성 중 라임과 구분해서 심도 있게 다뤄야 하는 중요한 부분이다. 라임은 소리의 반복으로 리듬을 형성하지만, 플로우 형성에는 라임뿐만 아니라 글자 수, 랩을 하는 속도, 음의 피치 등 훨씬 더 많은 부분이 영향을 주기 때문이다. 그 중 대표적인 플로우 형성 요인은 랩 가사를 발음하는 속도, 라임, 언어를 씹는 감각(뱉는 발음)이 있다. 플로우를 형성하는 기본적인 요인을 하나하나 살펴보자.

① 끌기(밀기)

언어를 끌어주는 방법은 원래 1초면 발음할 글자를 더 길게 발음하는 것이다. 예를 들어 나는 김성훈입니'다'라는 문장을 발음하면서 마지막 글자 '다'를 5초 이상 발음하면 언어가 끌리는(밀리는) 느낌이 든다. 본인의 이름을 넣어서 발음해 보기 바란다. '나는 김성훈입니다~~~~~' 하고 '다'를 길게 끌어 보자.

---

65 이철희, 앞의 논문. 27쪽.

② 끊기(당기기)

언어를 끊는 방법은 끌어주는 방법의 반대이다. 예를 들어 나는 김성훈입니‘다’, 라는 문장을 발음하면서 마지막 글자 ‘다’를 원래 발음하던 속도보다 더 빠르게 읽으며 끝맺는다. 언어가 끊어지는(당겨지는) 느낌이 들 것이다. 보다 확실하게 밀고 당기는 느낌을 느껴 보기 우해서 나는 김성‘훈’~~~~~~ ‘입니다’에서 ‘훈’은 5초 이상 길게 끌고, ‘입니다’는 평소보다 더 빠르게 끝맺는다. 이처럼 발음하면 언어를 밀고 당기는 느낌이 들 것이다. 본인의 이름을 넣어서 발음해 보기 바란다.

③ 달리기(쪼개기)

달리기하듯 언어를 빠르게 발음하는 방법은 랩이라는 장르를 특징짓는 언어 활용 방법이다. ‘나는 김성훈입니다’라는 문장을 5초 안에 읽을 수도 있지만 더 빠르게 2초 안에 읽을 수도 있다. 말 그대로 가사를 달리듯이 빠르게 읽는 것이다. 괄호 안에 제시한, ‘쪼개다’라는 어휘의 뜻은 언어로 비트를 잘게 나누는 것을 의미한다. 본인의 이름을 넣어서 최대한 빠르게 문장을 발음해 보기 바란다.

④ 언어를 씹는 감각 (뱉는 발음)

언어를 씹는[66] 감각에 따라서도 플로우의 느낌이 달라진다. 래퍼는 가

---

[66] 언어를 씹는다는 말은 언어를 발음할 때 강조해서 강세를 주거나 반대로 여리게 흘린다는 의미를 포함한다.

사를 한 글자 한 글자 단단하게 곱씹으며 어떻게 발음할지를 계산한다. 언어를 씹는 감각은 크게 두 가지로 구분할 수 있는데, ① 똑바르게 발음하기와 ② 흐릿하게 눌러서 발음하기가 바로 그것이다. 똑같은 랩을 해도 발음에 따라 랩이 다르게 들린다. 랩의 특성상 한 글자 한 글자를 밀도 있게 강하게 발음해야 단단한 리듬을 형성할 수 있다. 따라서 래퍼는 어떻게 언어를 씹어서 발음할 것인가를 고민할 수밖에 없다. 똑바르게 발음을 하게 되면 전달력은 높아지지만, 딱딱하고 경직된 리듬감으로 굳어질 수 있고, 흐릿하게 영어처럼 눌러서 발음하면 리듬감과 음악성을 살릴 수 있지만 전달력은 떨어질 수 있기에 래퍼는 전달력과 음악성 사이에서 자신만의 방식으로 뱉는 법을 연구해야 한다.

리듬이란 음의 일정한 반복에 의해서 생겨나는 것이며 플로우의 개념과 맞닿아 있다. 폴 에드워즈의 《하우 투 랩》에서는 "플로우란 곡 안에 담긴 리듬과 라임을 뜻한다"라고 설명한다.[67] 그리고 《누구나 랩》에서는 곡 안에 담긴 리듬을 랩 가사를 발음하는 속도와 언어를 씹는 감각으로 살펴 보았다. 그리고 언어를 씹는 감각은 결국 언어의 리듬과 관련이 있다. 한국어 랩에서의 언어를 씹는 감각을 더 잘 알기 위해서는 영어와 한국어의 리듬 차이를 이해할 필요가 있다. **하지만 결국 개념적인 내용이므로 굳이 공부하듯이 살펴 볼 필요는 없다.** 이미 한국어 랩에서는 영어와

67　폴 에드워즈, 앞의 책, 93쪽.

　　·　　　　　　　　　　　　　　　　　　　　　　누구나 **랩**

한국어의 리듬 차이의 영역을 허물어 사용하그 있기 때문이다.

2. 한국어 플로우의 특징

리듬이란 반복적으로 일어나는 현상이다.[68] 호흡, 심장 박동, 걸음걸이 등 시간이 흐르면서 생기는 규칙적인 현상으로서, 언어 역시 각 나라의 언어마다 그 특유의 리듬이 있다. 우리는 한국어 특유의 리듬에 익숙한데, 영어의 리듬과는 그 차이가 있어서 한국어의 특성에 맞게 잘 파악하여 활용한다면 랩에도 적용할 수 있다. 왜냐하면 랩이 발생한 곳은 바로 영미권이고, 영어 리듬의 장점이 랩을 하는 데 도움을 주기 때문이다. 대부분의 사람들은 영어나 한국어의 리듬을 잘 모른다. 그래서 한국어의 리듬으로 영어의 리듬을 판단하기 쉽다. 반대로 외국인이 한국어를 들을 때도 같은 문제가 발생한다. 단어를 또박또박 발음하고 정확한 문장을 말해도, 리듬이 다르면 알아듣는 데 어려움을 겪는다. 따라서 언어를 배우려면 그 리듬을 먼저 파악하는 것이 중요하다.[69]

언어의 리듬은 크게 두 가지로 나눌 수 있다. 리듬은 강세가 있는 부분과 없는 부분이 섞여 있는데, 이 강세가 있는 부분에서 다음 강세가 있는 곳으로 튕기듯 옮겨가는 유형의 리듬을 갖는 언어, 이것을 강세 리

---

68 일정한 규칙에 따라 반복되는 움직임을 이르는 말.

69 국내파영어연수. (http://cafe.daum.net/englishmento).

듬의 언어라고 한다.[70] 이 강세는 비교적 고른 간격을 두고 나타나는 경향이 짙다. 영어는 이 강세 리듬을 지니고 있는 언어라고 할 수 있다. 예를 들면 다음과 같다.

① **One**, **two**, **three**, **four**, **five**, **six**, **se**ven, **eight**, **nine**, **ten** (11음절, 10강세)

② They de**cid**ed to drop the **char**ges against the **new**spaper and **set**tle out of **court**.(21음절, 5강세)

①번 문장의 음절수는 ②번의 반도 되지 않지만 강세의 수는 배가 되므로, 소리 내어 말하는 경우 ①번이 ②번의 문장보다 발음하는 시간이 더 오래 걸린다. 반면에 ②번의 문장에서는 강세가 없는 음절은 그 수가 많으면 많을수록 빨리 압축되어 발음되므로 명료하게 들리지 않는다. 또한 ①번은 강세가 있는 음절이 계속되기 때문에 발음되는 속도가 거의 일정하지만, ②번의 경우는 강세 없는 음절수에 따라서 느리고 빠른 변화가 생긴다. 이것이 영어가 강세 리듬을 지닌 언어라는 사실을 뒷받침한다. 그리고 이 느리고 빠른 변화가 바로 랩에서의 플로우에 해당한다. 또한 어떤 언어든 랩을 할 때는 주로 드럼의 킥과 스네어마다 가사에 강세를 주며 발음하는 편이다.

---

70 국내파영어연수. (http://cafe.daum.net/englishmento).

반면 한국어는 음절 리듬의 언어로 영어에서처럼 강세가 있는 음절이 규칙적으로 나타나지 않고, 모든 음절이 고른 간격을 두고 나타난다. 다시 말하면 하나하나의 음절이 거의 비슷한 시간을 두고 발음된다는 것을 의미한다. 예를 들어 "나는 오늘 하르 종일 가사를 썼다"(13음절), 라는 문장은 "앨범을 내야지"(6음절)라는 문장보다 말하는 데 대략 2배의 시간이 걸린다. 말하는 시간과 음절의 수가 비례하기 때문이다. 사투리의 경우 강세나 언어를 끌어주는 구간이 있는 경우도 있지만, 한국어의 기본적인 특성은 음절 리듬이라고 보아야 한다. 영어 리듬의 특성에서 보았듯이 영어는 강세를 통해 밀거나 당기는 흐름이 평상시 언어에서도 늘 작용하기에 랩을 하는 데 보다 유리한 언어라고 할 수 있다. 한국어도 강세 리듬의 특성을 적용해서 사용하고 랩에 적용할 수 있다면 보다 유연한 플로우를 만들어낼 수 있을 것이다. 사실 이미 한국어 랩에서도 영어의 리듬을 많은 부분 차용하고 응용해서 쓰고 있다.

영상 강의에서는 발음을 또박또박 바르게 랩을 할 때와 영어처럼 강세에 따라 발음을 흘리며 할 때의 차이를 들려주겠다. 각 발음의 장단점을 살펴보고 본인이 추구하는 랩의 방향에 맞게 발음과 리듬을 가꿔 나가기 바란다. 예시로 드는 랩은 양동근의 '거울'[71]이다.

---

71 양동근, 《거울, 28 청춘 엿봐라》 앨범 17번 트랙. (2006)

3부

한국어 랩의
창작 방법과 실제

드럼 중심의 랩 표기 방법

앞서 2부에서는 랩의 구성 요소인 메시지, 라임, 플로우의 개념과 특징에 대해 살펴보았다. 좋은 랩을 하기 위해서는 이 세 가지 구성 요소의 특징을 잘 이해하고 연습해야 한다. 첫째, 본인의 필력을 키우기 위해 노력해야 하고, 둘째, 랩의 형식에 맞는 좋은 라임을 활용해야 하며, 셋째, 음악적으로 멋진 플로우를 구사하기 위해 가사 뱉는 훈련을 꾸준히 해야 한다.

보다 실용적인 한국어 랩 창작 방법을 습득하기 위해, 이 책에서는 마디 수를 세는 방법과 박자에 맞춰서 가사를 쓰는 법을 제시하려고 한다. 우선 박자의 중심이 되는 리듬악기인 '드럼'의 소리를 가사에 표시하는 방법을 통해 박자에 맞춰 가사 쓰는 방법에 대해 밝히고자 한다. 이와 아울러 라임의 배치 양식과 플로우 창조 방법을 통해 난이도가 높은 랩 가사 창작 방법에 대해 제시하고자 한다.

1. 마디 수 세기

음악에서 마디 수를 세는 방법은 오선지 위에 있는 음표의 종류와 개수를 세면서 이루어진다. 하지만 음악 교육 과정을 제대로 거치지 않으면 쉽게 악보를 볼 수 없으며 마디 수를 파악하기 어렵다. 그래서 보다 실용적으로 마디 수를 세는 방법이 필요하다.

대부분의 힙합 음악은 4/4박자 8비트로 이루어진다. 여기서 말하는 8비트란 한 마디 안에 드럼[72]의 하이엣[73]이 여덟 번 들어간다는 말이다. 그래서 4/4박자의 곡에서 마디 수 세는 기준을 하이엣으로 정하면, 하이엣이 여덟 번 들리면 한 마디라고 생각해도 된다. 하지만 여덟 번의 소리를 다 세기에는 그 수가 많다. 하이엣이 여덟 번 나오는 동안 스네어[74] 소리가 두 번 나오는데 거의 비슷한 길이로 볼 수 있다. 그래서 스네어 소

---

[72] 서양 타악기의 하나. 짧은 원통형의 금속 동체(胴體)의 양쪽에 가죽을 팽팽하게 대고, 그 주변에는 가죽을 죄는 나사못의 장치가 있으며, 두 개 또는 한 개의 채로 친다. 사이드 드럼, 베이스 드럼 따위가 있다.

[73] 드럼의 구성 요소 중 한 부분으로 스틱으로 때리면 '치' 소리가 나는 부분이다.

[74] 드럼의 구성 요소 중 한 부분으로 스틱으로 때리면 '딱' 소리가 나는 부분이다.

리를 기준으로 마디를 세는 것이 랩의 분석과 창작에 보다 유용하다. 즉 **스네어 소리가 두 번 나오면 한 마디로 세는 것이다.** 이는 힙합 음악에서 가장 기본적인 마디 수 세는 방법이다.

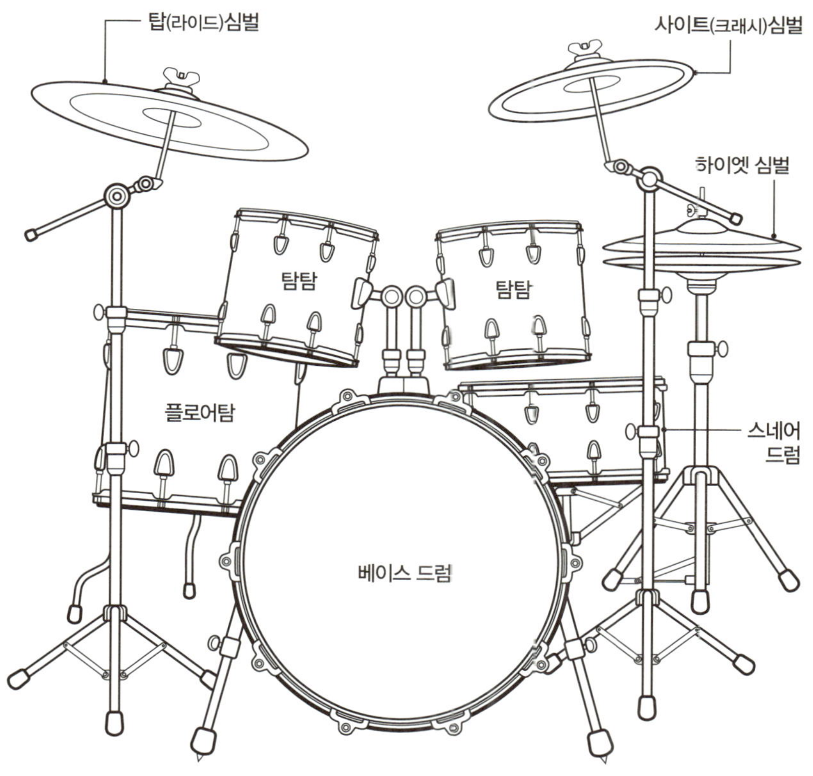

[그림 3-1] 드럼의 구성 요소

드럼의 기본 구성			
이름	킥	하이엣	스네어
소리	쿵	치	딱

[표 3-1] 드럼의 구성 요소

비트의 뼈대는 리듬 악기인 드럼이 흘러가며 구성된다. [그림 3-1]을 통해 드럼의 구성 요소를 살펴보면 베이스 드럼은 아래 부분에 위치해 있는데 보통 '킥'이라고 부른다. 하이엣 심벌은 보통 '하이엣'이라 부른다. 작은 북인 스네어 드럼은 간단하게 '스네어'라 부른다. 그 외 탐탐, 플로어탐 등은 기교를 부리거나 곡의 흥을 돋우기 위한 드럼이며 킥, 하이엣, 스네어만 있어도 기본적인 리듬은 다 표현할 수 있다. [표 3-1]에 킥, 하이엣, 스네어를 때렸을 때 나는 소리를 쿵, 치, 딱으로 정리했다.

드럼의 구성 요소 중 대표적인 킥, 하이엣, 스네어가 '쿵 치 딱 치 쿵 치 딱 치' 하고 흘러가며 박자를 생성하는데 바로 여기서 '딱' 소리가 두 번 들리면 한 마디(스네어가 두 번 나오면 한 마디)라고 생각하면 된다. 음악에 대해 알고 있건 모르고 있건 우리는 누구나 스네어를 기준으로 마디 수를 셀 수 있다. 그 이유는 드럼이 우리 몸에 주는 영향 때문이다. 우리는 음악을 들으면 자신도 모르게 고개, 손, 발을 아래위로 끄덕인다. 바로 드럼의 영향이다. 드럼의 킥이 '쿵' 소리를 내면 우리는 고개를 아래로 떨어뜨리고, 드럼의 하이엣이 '치' 소리를 내면 다시 고개를 위로 올린다. 또 잠시 후 드럼의 스네어가 '딱' 소리를 내면 우리는 다시 쿵 소리가 날

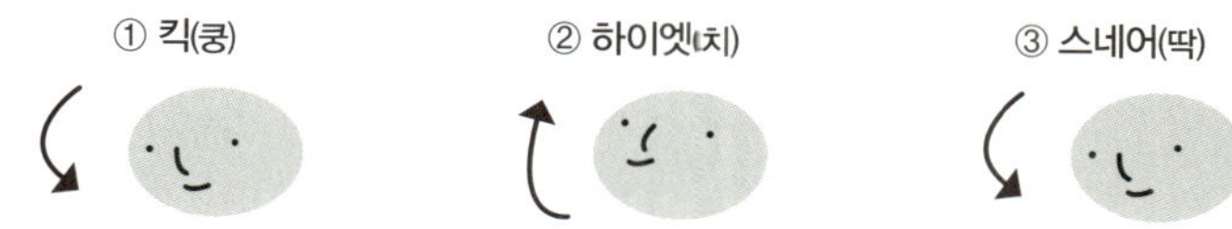

[그림 3-2] 드럼이 우리 몸에 주는 영향

때보다 조금 더 고개를 아래로 떨어뜨린다. 이는 현장에서 직접 경험하면서 알게 된 것으로 리듬 악기인 드럼에 맞춰 몸이 반응하는 동작으로 보인다.

우리가 고개나 몸을 아래로 떨어뜨릴 때 드럼 소리를 귀 기울여 보면 '쿵 치 딱' 소리가 명확하게 들릴 것이다. 가끔 작곡가가 드럼 소리를 일부러 한 구간씩 빼서 소리가 들리지 않더라도 박자는 흘러가고 있다고 여기고 마디 수를 세면 된다.

2. 박자 중심의 가사 쓰기

박치라는 말이 있다. 리듬에 대한 감각이 없는 사람을 의미한다. 하지만 박치는 몸이 반응을 못한 데서 연우하기보다는 드럼의 개념을 제대로 이해하지 못한 데서 비롯한 것으로 보인다. 따라서 박자와 리듬을 가장 기본적으로 이루는 '쿵 치 딱'의 개념을 이해한다면 누구나 박자에 맞춰서 글을 쓰고 발음할 수 있다. 박자 감각이 떨어지는 사람의 경우,

음악을 들으면서 스네어 소리가 들릴 때 손으로 몸을 치면 리듬을 보다 쉽게 익힐 수 있다. 드럼이 우리 몸에 좀 더 가깝게 느껴지도록 노력하는 것이다.

박자에 맞춰서 가사를 쓴다는 말은 글자를 드럼처럼 활용해서, 그 구간의 드럼이 흘러가는 속도만큼 글자를 발음하는 것이다. **이미 1부 랩 맛보기에서 드럼을 표시하면서 가사 읽는 연습을 했다.** 박자를 타는 구체적인 접근 방식이 다양하기에 이번에는 또 다른 방식으로 살펴보겠다. **그 내용 자체는 8음보 가사 쓰기 형식과 같다.** 다만 하이엣을 포함한 한 마디를 표시한 것이며, 붐뱁 비트 또는 트랩 비트에 적용해 예시문을 읽어 보면 된다. **이미 1부에서 설명한 내용이므로 가볍게 읽고 넘어가도 무방하다.** 쉼표(,)로 표시한 드럼에 맞춰 가사를 읽으면 박자를 맞출 수 있으며, 쉼표(,)가 가사의 어느 부분에 놓이느냐에 따라 박자감이 달라짐을 알 수 있다. 아래 내용은 4/4박자 8비트 한 마디를 표현한 것으로 드럼의 킥, 하이엣, 스네어를 쉼표(,)로 표시했다. 킥, 하이엣, 스네어는 소리의 크기는 다르지만 동일한 속도로 흘러가고 있다. 그 속도에 맞춰 글자를 한 글자부터 네 글자까지 올려 보면 다음과 같다. 각각의 쉼표(,)가 흘러가는 속도에 맞춰 일정하게 글자를 발음하면 박자에 맞춰 랩 가사를 발음할 수 있게 된다.

쿵　치　딱　치　쿵　치　딱　치

,　,　,　,　,　,　,　,

[그림 3-3] 드럼에 맞춰 가사 발음하기

여덟 개의 쉼표(,)는 드럼의 킥, 하이엣, 스네어를 뜻한다. [그림 3-3]
은 손으로 여덟 번 드럼을 치면서 글자를 동일한 속도로 발음하는 상황을 제시한 것이다. **물론 실제 랩을 할 때에는 위의 설명처럼 드럼의 속도 그대로 똑같은 글자 수를 올려서 발음하지 않는다. 너무 단순하기 때문이다. 하지만 위 그림을 보고 또 직접 점에 맞춰 글자를 올려 발음을 해보면 '박자를 탄다'라는 개념을 보다 쉽게 이해할 수 있다.** 그리고 꼭 글자 수를 일정하게 정하지 않고 쉼표(,) 하나당 한 글자에서 네다섯 글자 정도 사이를 자유롭게 선택해서 발음을 해 보면 응용해서 박자에 맞춰 랩을 할 수 있다. 하지만 드럼에 맞춰서 랩 가사의 글자 수를 정할 경우 박자에 랩 가사가 구속될 수 있기 때문에, 이와는 반대로 자신이 쓴 가사를 뱉고 싶은 속도로 발음하고, 그 속도에 맞춰 드럼의 구성 요소를 표시하는 것이 보다 효과적인 방법이라 할 수 있다.

박자에 맞춰 가사를 쓰는 방법으로 드럼을 여덟 개의 쉼표(,)로 표현해 박자 타는 방법을 제시했는데, 이는 랩을 처음 접한 사람들의 이해를 돕는 데는 유용하지만 분명한 한계가 있다. 쉼표로 표현한 드럼에 맞춰 글을 쓰는 것 자체는 문제될 것이 없지만, 그러한 방식으로는 감각적인 랩 장르의 특성을 제대로 살려내지 못할 가능성이 높기 때문이다. (1부 랩 맛보기의 한계 역시 동일하다.) 따라서 보다 자유롭고 감각적인 랩을 만들기 위해서는 창작자가 글을 쓰고 발음하고 싶은 속도대로 발음한 후에, 박자에 맞춰 드럼을 표시하는 것이 효과적이며, 그 구체적인 방법은 다음과 같다.

먼저 창작자가 가사를 붙이고 싶은 힙합 곡을 정해 곡을 들으면서 킥과 스네어를 찾는다. 그리고 왼손은 킥(쿵), 오른손은 스네어(따)에 맞춰 드럼처럼 쳐 본다. 일반적으로는 한 마디가 끝나고 다음 한 마디가 시작될 때 자신이 쓴 랩 가사를 발음하기 시작한다.

.   /   .   /

위 내용은 킥(.)과 스네어(/)를 표시한 것으로 스네어(/)가 두 번 나왔으므로 한 마디라는 것을 알 수 있다. 이때 한 마디가 됐다는 말을 다르게 표현하면 '한 마디가 지났다'라고도 말할 수 있고, '이제 곧 다음 한 마디가 시작될 것이다'라고도 볼 수 있다.

예를 들어 '나는 하루 종일 가사를 썼다'라는 문장을 박자에 맞춰 드럼에 올리는 방법은 다음과 같다.

'나는 하루 종일 가사를 썼다'라는 문장을 다음 한 마디가 시작될 때에 맞춰 발음함으로써 박자에 맞춰 가사를 쓰고 뱉게 되는 것이다. 그리고 발음했을 때 문장의 어느 글자에 드럼의 킥과 스네어가 부딪치는지[75] 표시하고 다시 읽을 때도 글자가 드럼에 부딪치는 속도 그대로 발음함으로써 랩 가사를 박자에 맞춰 고정시킬 수 있다.

여기서 '고정'이라는 개념은 매우 중요하다. 만약 랩을 할 때마다 가사와 드럼이 부딪치는 위치가 달라진다면 그것은 랩의 박자가 깨진 것이다. 뛰어난 실력의 래퍼들조차 처음 랩을 시작할 때는 이 드럼의 개념을 제대로 이해하지 못한 경우가 많다. 그냥 무작정 가사를 쓰고 자신이 뱉었던 속도나 플로우를 기억하려 애쓰거나, 몸이 본능적으로 반응하게 하려 노력한다. 하지만 그렇게 하다 보면 나중에는 자신이 표현했던 랩의 정확한 속도를 기억하지 못할 때가 있다. 바로 그런 시행착오를 겪은 다음에야 랩이 결국 드럼 위에서 이루어지는 작업이라는 것을 이해하게 된다.[76]

랩에 대한 전문적인 훈련을 받지 못한 사람들은 흔히 랩을 할 때마다 속도와 박자가 달라진다는 말을 하곤 한다. 이것은 랩 가사를 읽는 속도를 드럼에 맞춰 고정해야 한다는 사실을 알지 못하는 데서 비롯된 것이다. '나는 하루 종일 가사를 썼다'라는 문장을 박자에 맞춰서 읽는 것은 그리 어렵지 않다. 라임이 없어도 멋진 플로우가 아니라도 우선 박자에 맞춰서 가사를 읽게 되면 거기서부터 랩 작사가 시작된다. 하지만 읽

75　랩 가사의 글자와 드럼의 구성 요소인 킥이나 스네어와 동일한 속도로 겹치는 부분을 '부딪친다'라고 표현했다.

76　필자 역시 연구를 하면서 직접 깨달았고, 또 현장에서 만나는 래퍼나 창작자들과의 대화에서 공통적으로 경험한 것임을 알 수 있었다.

을 때마다 박자가 달라진다면 랩 가사라고 할 수 없다. 1부 랩 맛보기에 서의 기억을 떠올리며 다음 글을 박자에 맞춰 읽어 보자.

'나는 하루 종일 가사를 썼다'라는 문장을 첫 번째 킥(.) 소리를 기준으로 3가지 방식으로 적어 놓은 예문이다. 위 가사는 첫 번째 킥(.)을 기준으로 ① 킥 소리를 듣고 랩을 시작한 경우, ② 첫 번째 글자를 킥 소리에 맞춰 동일한 타이밍으로 랩을 시작한 경우, ③ 조금 더 빠르게 랩을 시작해서 세 번째 글자에 킥 소리를 맞춰 랩을 시작한 경우를 나타낸 것이다. 사실 더 많은 경우의 수가 있지만 일단 '첫 번째 쿵을 기준으로 만들 수 있는 플로우 3가지'를 제시했다. 위 3가지 랩을 박수를 치면서 천천히 읽어 보자. 그 후에 비트에 맞춰 랩을 해 보면 박자의 개념을 이해하게 될 것이다. 박자 맞춰 글쓰기를 시작하는 방법은 간단하다. 편하게 글을 쓰고, 박자에 맞춰 읽고, 글과 동일한 타이밍으로 부딪치는 드럼을 표시한다. 보통은 '쿵 딱 쿵 딱' 4박자를 세고 랩을 시작한다.

. / . / → '쿵 딱 쿵 딱' 4박자를 세고 랩 시작 (첫마디 '쿵'을 활용해서

플로우 만들기)

위 세 가지 모두 드럼에 맞춰(박자에 맞춰) 가사를 썼기에 랩 가사라고
할 수 있다. 하지만 읽을 때마다 '고정된' 일정한 속도를 기억하지 못하고
다르게 뱉는다면, 그건 박치라고 할 수밖에 없다. 가사에 드럼을 표시하
는 방법은 랩을 발음하는 속도를 눈으로 보면서 '읽을 수' 있도록 돕는
다. 그리고 자신이 드럼에 맞춰 쓴 가사 중 가장 리듬감이 좋다고 생각
되는 가사에 킥(.)과 스네어(/)까지 표시해서 박자를 고정시킨 후 랩으
로 뱉으면 녹음할 때 매우 큰 도움이 된다. 왜냐하면 앨범 녹음이란 랩
을 발음할 수 있는 수많은 경우의 수 중에 가장 좋은 리듬을 정해서 기
록하는 작업이기 때문이다. 따라서 랩 가사에 드럼이 들어가는 위치를
표시하면 눈으로 속도를 파악할 수 있어 랩 가사를 눈으로 '읽으면서' 따
라 부르는 게 가능해진다.

3. 킥과 스네어 표기

앞서 제시한 바대로 랩 가사에 드럼의 킥과 스네어를 표시하면 눈으
로 보면서 박자에 맞춰 랩을 할 수 있다. 기존 랩 가사에 킥과 스네어를
표시하는 예시 가사로 윤미래의 〈검은 행복〉을 살펴보자.

윤미래의 랩 〈검은 행복〉을 들으면서 드럼 소리에 맞춰 손으로 몸을 두드린다. 왼손은 킥(.), 오른손을 스네어(/)라 생각하고 박자에 맞춰서 왼손과 오른손을 친다. 그러면 〈검은 행복〉의 첫줄 '유난히 검었었던 어릴 적 내 살색'을 발음하면서 어떤 글자에 드럼의 '킥'과 '스네어'가 부딪치는지, 또는 드럼의 '킥'과 '스네어'가 어떤 글자를 기준으로 위치해 있는지 알 수 있다.

한꺼번에 왼손 킥과 오른손 스네어를 찾기보다는 먼저 오른손 스네어에 부딪치거나 근처에 있는 글자를 찾은 후에 왼손 킥과 부딪치거나 근처에 있는 글자를 찾는다. 스네어 부분을 먼저 찾고, 킥 부분을 찾는 것은 스네어가 박자의 기둥이자 기준이 되기 때문이다. 가사에서 스네어와 부딪치거나 근처에 있는 부분을 (/)로 표시하면 다음과 같다.

유난히 검/었었던 어릴 적 내 살/색

'검'과 '살'이라는 글자가 스네어와 부딪치면서 드럼의 속도를 맞추고 있다는 것을 알 수 있다. 부딪치는 글자 뒤에 스네어(/)를 표시하는 것은

---

77 윤미래, 《Ｙ Ｏ Ｏ Ｎ Ｍ Ｉ Ｒ Ａ Ｅ》 앨범 9번 트랙. (2007).

그 글자와 드럼이 부딪치고 있다는 의미이다. 즉, '검'과 '살'이라는 글자가 드럼의 스네어와 동일한 속도로 겹치는 순간인 것이다. 표시가 한 칸이라도 차이가 나면 리듬 자체가 달라지므로 주의해야 한다. 가사에서 킥과 부딪치거나 근처에 있는 부분을 (.)으로 표시하면 다음과 같다.

. 유난히 검/었었던 어.릴 적 내 살/색

첫 번째 킥은 '유'라는 글자를 기준으로 앞에 있고 두 번째 킥은 '어'라는 글자와 동일한 타이밍에 있다. 박자에 맞춰서 랩 가사를 읽을 때 드럼의 킥과 스네어에 부딪치는 글자에 좀 더 강세를 줘서 읽으면 더 쉽게 박자에 맞춰 랩 가사를 읽을 수 있다. 드럼을 들으려 하기보다는 몸이 반응하는 대로 흔들면서 왼손과 오른손으로 드럼을 따라 쳐 보면 도움이 될 수 있다.

랩이란 일정하게 흘러가는 드럼의 속도에 맞춰 가사를 뱉는 작업이다. 킥(.)과 스네어(/)가 흘러가는 일정한 속도에 맞춰 그 위에 가사를 얹는 것이다. **랩에 대해 잘 모르는 어떤 사람들은 랩을 단순히 속도가 빠른 말이라고 생각하거나 라임만 있으면 된다고 오해한다. 그렇지만 무엇보다도 박자를 이루는 드럼의 구성 요소를 이해하고 박자에 맞춰 가사를 뱉는 것이야말로 랩 창작의 시작이 될 것이다.**

플로우에 대해 좀 더 자세히 알아보기 전에 먼저 라임 배치에 대해서 살펴보겠다. 라임의 구조를 이해하는 것이 박자에서 마디의 구조를 이해하는 데 도움이 되기 때문이다. 스네어를 기준으로 라임을 배치하는 방법까지 살펴본 후에 플로우를 만드는 10가지 방법(경우의 수)을 집중적으로 설명하겠다.

라임 배치 방법

1. 라임의 기본 배치

폴 에드워즈의 《하우 투 랩》에서는 라임의 형식으로 싱글라이너[78], 커

---

[78] 한 마디 안에 라임이 사용된 것을 싱글라이너(single liner)라 부른다. 이 경우 다른 마디에는 라임이 연결되지 않는다. 폴 에드워즈, 앞의 책, 136–137쪽.

플릿[79], 멀티 라이너[80], 엑스트라 라임[81] 등을 제시한다. 그러나 이를 한국어 랩에 적용하면, 우선 용어의 이해도 쉽지 않고, 그 예를 제대로 들기 어려울 뿐만 아니라, 라임의 배치 형태도 직관적으로 알기 어렵다. 따라서 《누구나 랩》에서는 이러한 한계를 보완하기 위해, 라임의 배치 방식 자체를 표로 제시하고자 한다. 이것은 라임의 종류를 외우거나 익히는 것과 무관하게, 마디의 구성과 라임의 배치를 시각적으로 제시하기 위함이다.

라임을 배치하는 가장 기본적인 방법은 바로 '마디 끝 스네어에 라임을 올리는 것'이다. 라임은 보통 한 마디의 끝에 가장 많이 배치하는 편이다. 박자의 기준이 되는 스네어가 반 마디를 넘어 한 마디가 되는 그 부분에서 드럼으로 하나의 박자감을 완성한다. 바로 그때 언어적인 드럼이라 할 수 있는 라임을 함께 배치해 안정적이고 극대화되는 리듬감을 줄 수 있기 때문이다.

패배.의 충격/ 심각한 노.이로제/

랩퍼의 생.명이 몰락/ 위기에 놓.인 믄제/

– 술제이&매트루스의 〈그럼에도 불구하고(OKAY)〉의 랩 중 일부

---

79 두 마디에 라임이 맞춰진 형식을 커플릿(couplet)이라고 한다. 폴 에드워즈, 앞의 책, 135쪽.

80 라임이 세 마디 이상의 마디에서 전개되는 경우 멀티라이너(mult liner)라 말한다. 폴 에드워즈, 앞의 책, 137쪽.

81 전체의 틀이 되는 라임 사이에 장식적으로 더해지는 라임을 엑스트라 라임(extra rhyme)이라고 말한다. 폴 에드워즈, 앞의 책, 141쪽.

위 가사를 보면 라임이 되는 '노이로제'와 '놓인 문제'가 각각 첫째 마디의 끝과 둘째 마디의 끝 부분 위치에 배치되어 있다는 것을 알 수 있다. (한 줄에 스네어(/) 표시가 2개 나왔기에 한 줄을 한 마디로 읽을 수 있다.) 이는 가장 기본적인 라임 배치의 형태이며, 랩의 발생 초기부터 지금까지 활용되는 방법이다. 눈으로 보기에 문장의 끝에 놓여 있기도 하며 실제 박자를 기준으로 했을 때도 두 번째 스네어 근처에 위치해서 마디 끝에 있다고 읽을 수 있다. 이는 마디의 기준이 되는 두 번째 스네어에 언어의 음성 반복으로 리듬을 극대화시키는 효과를 준다. 이 예시는 거의 대부분의 랩 가사에서 가장 쉽게 찾아볼 수 있는 라임 배치라 할 수 있고, 라임을 중심으로 가사를 쓰는 작사법에도 적용시킬 수 있다.

랩 가사를 쓰는 접근 방법을 크게 나누면 메시지의 좋은 표현을 고민하고 적는 경우와 좋은 라임을 찾아 거기에 메시지를 맞춰가는 방식, 그리고 플로우적인 재미를 우선시하는 방식이 있다. 이 중 라임을 중심으로 가사 쓰기를 접근해 보겠다. 랩과 다른 장르의 글이 구분되는 제일 첫 번째 요소가 바로 라임이고, 라임을 찾는 것은 랩 가사 쓰기의 시작이라 할 수 있다. 라임을 중심으로 가사를 쓰는 방법은 다음과 같다. 먼저 라임이 되는 단어를 찾는다. 그 라임을 우선 문장의 끝에 배치한다. 그 라임을 설명하는(꾸미는) 두 줄의 글쓰기를 한다. 그리고 박자에 맞춰 읽을 때 그 라임들을 마디의 끝에 올릴 수 있는 속도감으로 박자를 고정시킨다. 이렇게 하면 라임을 중심으로 가사를 쓸 수 있다. (1부 랩 맛보기 '음보율에 라임 넣기'와 같은 설명이다. 복습하듯 읽어 보자)

예를 들어 '심장'과 라임이 되는 단어들을 찾는다. '고장, 젠장, 실장, 시장, 시작, 신작' 등등의 라임을 찾고, 그 단어 중 자신이 사용하고 싶은 두 단어만 골라 노트의 오른편에 배치한다. 보통 글쓰기를 할 때 왼쪽에서부터 써 나가는 편이지만 반대로 오른쪽에 단어를 먼저 올리고 왼쪽 여백을 채워가는 식이라고 생각하면 된다. '심장'과 '시작'이라는 두 단어를 가지고 라임을 중심으로 글쓰기를 한다면 다음과 같이 할 수 있다.

즉, 단어를 오른쪽 끝에 올린 후에 한 단어씩 그 단어를 꾸미는 문장을 써 보는 것이다. 주제가 있고 좋은 표현이 있다면 더 좋겠지만, 제일 처음 접근할 때는 단순하게 '라임으로 선택한 단어를 설명하는 글쓰기'를 한다고 생각해도 좋다.

이런 식으로 두 줄의 문장을 쓰고 박자에 맞춰서 자신의 글을 고정시키면 금세 두 마디의 랩 가사에 라임을 넣을 수 있게 된다. 기본 개념은 충분히 익혔을 테니 이제 본격적으로 다양한 라임의 배치에 대해 알아 보자.

다음 표들은 가장 대표적으로 쓰이는 라임 배치표를 정리한 것이다. 표에서 가운데 세로줄과 오른쪽 끝 세로줄은 스네어를 표현한 것이다. 한 줄의 가로줄에 스네어인 세로줄이 중간과 제일 끝을 관통하고 있으므로 가로줄 한 줄이 한 마디임을 의미한다.

①

	A1
	A2
	A3
	A4

랩의 한 절은 보통 16마디로 구성된다. 반복이 중시되는 힙합 비트는 보통 2마디 또는 4마디의 멜로디를 일정하게 반복하며 돌아가는 편이다. 그리고 앞서 말했듯이 마디 끝에 라임을 배치해서 그 반복성과 리듬감을 극대화시킨다. 가장 기본적으로는 4마디를 기준으로 라임을 배치하는데 라임 배치 ①번은 어느 한 가지 라임을 A1이라고 보았을 때 A1과 라임을 이루는 A2, A3, A4를 마디 끝에 배치한 것이다. 기존 랩 가사를 예로 살펴보면 다음과 같다.

위 랩을 살펴보면 마디 끝을 기준으로 각각 '진료기록', '심하기를', '시노비'라는 '치료비'와 라임이 되는 글자들이 올라가 있다는 것을 알 수 있다.(사실 더 많은 라임이 배치되어 있지만 마디 끝만을 예로 들었다.)

②

	X			A1			A1	
	A1			X			A2	
	A2			A2			X	
	A3			A3			A3	

②의 경우는 4마디를 채워야 하는데 라임을 세 개밖에 못 찾았거나 메시지 또는 플로우를 라임보다 더 중요시하는 한 구간이 생겨서 라임을 쓰지 않은 경우의 예다. 여기서 X는 라임이 없다는 뜻이며, 보통 마

---

82 술제이&매트루스, 《Transformation》 앨범 1번 트랙. (2011).

지막 4마디째는 음악적으로 갖춤 마디 구성의 기둥이 되는 부분이라 라임을 최대한 올려놓는 편이다. 1, 2, 3 마디 중 한 군데 라임을 포기하고 랩을 올린 경우의 예를 기존 랩에서 살펴보면 다음과 같다.

위 랩을 살펴보면 (세 번째 마디엔 다른 라임과 동일한 라임을 쓰지 않고) 1, 2, 4마디를 각각 '벌어내', '벌었네', '어려 내'로 라임을 맞추고 있다. (세 번째 마디엔 그 전 라임 대신 '도로'와 '놈도'를 라임으로 써 변형을 준 것으로도 볼 수 있다.)

---

83   도끼, 《Ruthless Part 1》 앨범 2번 트랙. (2013).

③

	X			X
	X			A1
	A1			X
	A2			A2

③의 경우는 4마디 구성 중 두 군데 마디에 라임을 쓰지 않은 경우이며 그 이유는 ②에서와 같다. 라임을 두 가지밖에 못 찾았거나 메시지나 플로우에 더욱 중점을 둔 경우이다. 기존 랩에서 예를 찾아보면 다음과 같다.

그 남.자의 / 나이는 갓. 스무살/

고향.을 떠나와/ 아주 낮.선 땅/

서울.에 발을 디/뎌 꿈.을 위해/

부모님.의 반대/에도 길을 나.섰다/

– 술제이의 〈남자도 운다〉의 랩 중 일부

위 랩을 살펴보면 첫 번째와 세 번째 마디의 라임은 쓰지 않고 두 번째, 네 번째 마디에 각각 '낮선 땅'과 '나섰다'라는 라임을 올렸다. 스토리텔링의 방식으로 가사를 썼기에 라임보다 이야기 전개를 위한 메시지에 중점을 두고 가사를 썼다고 짐작할 수 있다.

④

	A1
	A2
	B1
	B2

④의 경우는 네 마디 구성을 A1와 B1이라는 두 단어를 활용해 라임을 배치한 것이다. ①, ②, ③ 보다 라임이 다채로워진다.

위 가사를 보면 첫 번째 마디와 두 번째 마디가 짝을 이뤄서 각각 '순간도'와 '못 관둬'가 라임으로 배치되었고, 세 번째 마디와 네 번째 마디가 짝을 이뤄서 '거울이 돼'와 '겨울인데'로 라임이 배치되어 있다는 것을 알 수 있다.(사실 더 많은 라임이 배치되어 있지만 마디 끝만을 예로 들었다.)

⑤

	A1
	B1
	A2
	B2

라임은 보통 아래 위 마디끼리 짝을 이루는 편이지만, ⑤에서처럼 1, 3 홀수 마디와 2, 4 짝수 마디끼리 라임을 이루기도 한다.

니가 좋.아하던 뮤/지션들.이 싫어져/

그의 노.래에도 우/리의 추억.이 흐르_니/까

복잡하.고 무질서/한 머릿속. 좀 풀어줘/

틀린 포.지션을 잡/은 선수처.럼 헤매_니/까

– 술제이&스티의 〈들을진 모르겠지만〉의 랩 중 일부

위의 랩을 보면 ⑤에서 설명한 것처럼 1, 3 홀수 마디에 각각 '싫어져'와 '풀어줘'가 라임으로 짝을 이루고 2, 4 짝수 마디에 각각 '흐르니까'와 '헤매니까'가 라임으로 짝을 이루고 있다. ⑤의 라임 배치는 단조로울 수 있는 라임을 변형시켜 좀 더 재밌는 리듬감을 만들어준다.

⑥

A1	A2
A3	A4

지금까지는 한 마디에 라임을 하나씩 올렸다면 ⑥은 한 마디에 라임을 두 개씩 올리는 배치이다. 역시 스네어를 기준으로 라임을 배치해서 첫 반 마디 라임 A1을 시작으로 각각의 스네어마다 A2, A3, A4 라임을 배치할 수 있다.

위 랩을 살펴보면 두 마디 안에 스네어마다 각각 '한탄', '남탓하다', '가타부타', '참딱하다'라는 라임을 올려 리듬의 간격을 좀 더 좁히고 있다.

---

[84] 술제이와 타래, 《The Present》 앨범 2번 트랙. (2012).

⑦

A1	B1
A2	B2

⑦은 ⑥을 좀 더 응용한 것이다. 한 마디 안에 라임을 두 개 올리는데 두 단어를 활용해 또 다른 리듬감을 만들어 낼 수 있다.

위 랩을 살펴보면 반 마디와 한 마디 반째엔[85] 각각 '볼 살'과 '볼쌍'을 A1, A2 라임으로 활용했고 한 마디 끝과 두 마디 끝엔 '어깨'와 '똥개'를 B1, B2 라임으로 활용했다.

---

[85] 마디 수를 세는 방법에서 스네어가 두 번 나오면 한 마디라고 설명했다. 마찬가지로 스네어가 한 번이면 반 마디, 스네어가 세 번이면 한 마디 반이라고 셀 수 있다.

[86] Wu-Tang Clan, 《The Saga Continues》 앨범 9번 트랙 (2017)

마찬가지의 형식이라 볼 수 있는데 (반 마디째 스네어가 아니라) 첫 번째 킥(.)에 각각 'heyday', 'vacay'를 A1, A2 라임으로 활용했고 한 마디 끝과 두 마디 끝엔 'sock'과 'hot'을 B1, B2 라임으로 활용했다. 라임의 배치는 주로 스네어를 기준으로 매듭을 짓지만 드럼의 킥과 하이엣 어떤 곳이든 자유롭게 배치하며 응용이 가능하다.

⑧

A1 A2	A3 A4
A5 A6	A7 A8

⑧은 한 마디에 올리는 라임의 개수가 처음엔 하나에서 둘, 그리고 세 개 이상으로 발전한 경우이다. 라임을 빽빽하게 배치해서 리듬을 극대화시켜줄 수 있다.

난 변.태 같애 나/태한 나한테 학.대를 가해 내 상/태를 Update

변.태를 몇 회 더 보/태 여태보.다 더 짙어진 나/이테

– 술제이의 〈불도저 프리스타일〉의 랩 중 일부[87]

첫 번째 마디엔 '변태', '같애', '나태한', '나한테', '학대', '상태', 'Update'

---

87 술제이, 《April Blues》 앨범 1번 트랙. (2014).

  누구나 랩

7개의 라임이 두 번째 마디엔 '변태', '몇 회', '노태', '여태', '나이테' 5개의
라임이 빽빽하게 들어가 있다.

⑨

A1 A2	A3 A4 B1
A5 A6	A7 A8 B2

⑨는 ⑦과 같은 형태의 라임 배치를 응용한 것이라 할 수 있다. 한 마
디에 라임을 세 개 이상 올리는데, A1이라는 라임과 B1이라는 라임을
섞어서 표현하는 것이다.

위 가사의 첫 마디엔 A1, A2 라임으로 각각 '전장'과 '직장'이, B1 라임
으로는 '출근해'가 배치되어 있고, 두 번째 마디엔 A3, A4, A5, A6 라임
으로 '적자', '적잖은', '적은', '적자'가, B2 라임으로 '후줄근해'가 배치되어
있다.

⑩

A1	
	A2

⑩을 설명하기 전에 라임을 살리는데 호흡까지도 영향을 미친다는 점을 살펴보려 한다. 어떤 글자를 말하고 여운을 주면 리스너는 래퍼가 그 글자와 라임을 맞추는 어떤 글자를 조금 후에 뱉을 것이라 예측한다. 래퍼의 입장에서도 여운을 준 글자를 라임으로 살려 다음 라임을 전개하려 계산적으로 숨을 쉰다. 강조를 하려 잠시 쉬었다가 말을 하는 것과 같이, 어떤 단어를 말하고 잠시 쉰다는 것은 그 단어에 라임으로 포인트를 주겠다는 의미이다. 아주 짧은 순간이지만 호흡으로 라임을 살리는 것이며, ⑩은 반 마디에 빠르게 라임 A1을 말하고 두 번째 마디 끝에서 A2를 뱉는 라임 배치의 응용이라 볼 수 있다.

내 랩이 주특기 (사람들의 환호와 함께 여운)

만인에게 공유된 내 랩은 P2P

– 〈Show Me The Money 2〉, 3회 지조 @게릴라 공연 미션 중 랩 중 일부[88]

〈Show Me The Money 시즌2〉 공연 장면 중 래퍼 지조가 공연 시작

---

88   Mnet 〈Show Me The Money 2〉, 2013.06.22. 방송.

전에 프리스타일 랩을 한다. 내 랩이 '주특기'라고 던지고 사람들의 환호와 함께 몇 초간을 쉰 뒤 만인에게 공유된 내 랩은 'P2P'라고 라임을 맞추자 사람들이 다시 환호하고 즐거워하는데, **이는 라임을 계산하고 예측하며 래퍼와 리스너가 랩의 즐거움을 공유한 순간이라 할 수 있다.**

⑪

A1	
A2	B1
A3	
A4	B2

⑪은 가운데 반 마디 근처에는 모두 A1과 라임이 되는 글자를 배치하고 짝수 마디 끝인 두 번째와 네 번째 마디 끝에 B1와 B2 라임을 배치한 경우이다.

나 병.에 걸린 것/ 같애 . 원인/은

아무래.도 그녀인 것/ 같애 . 그녀는 Fl/ower

. 잘 가/꾸어진 꽃.밭에 /

한 송이.의 장미꽃/ 같애 . 아름다/워

위 랩을 살펴보면 A1 라임인 '것 같애'에 맞춰 A2, A3, A4 라임인 '것 같애', '꽃밭에', '꽃 같애'가 가운데 스네어를 기준으로 배치되어 있고, 두 번째와 네 번째 마디 끝에 각각 B1, B2 라임으로 'Flower'와 '아름다워'가 배치되어 있다. 사실 A3 라임으로 활용된 '꽃밭에'는 반 마디 스네어를 넘어 거의 마디 끝에 배치되어 있어 ⑪의 예시표와 완벽하게 일치하진 않지만 ⑪을 기준으로 라임 배치 응용이 가능하다는 사실을 알 수 있다.

⑫

	A1
	A2
A3	B1
	B2
B3	C1
	C2

⑫는 라임이 되는 단어를 마디 끝에 활용하고도 남거나, 다음 마디로 넘어갈 때 리듬을 이어주는 연결 다리 느낌으로 그 라임을 반 마디 근처

---

89 산이, 《Everybody Ready?》 앨범 3번 트랙. (2010).

에 배치하는 것이다.

― 도끼의 〈Outchea〉의 랩 중 일부

위 랩을 살펴보면 A1 라임으로 '세 개'가 첫 번째 마디 끝에 올라 있고, 그 다음 두 번째 마디 끝에 A2라임으로 '더 세게'가, 그다음 두 마디 반째 스네어에 A3 라임으로 '애개'가 올려져 있다. B1 라임도 마찬가지 방식으로 '부드러'가 다음 마디 '뿐더러', 그리고 그 다음 반 마디 전에 '우러러'와 B2, B3로 짝을 이뤄서 라임을 배치할 수 있음을 보여준다.

⑬

A1	A2
B1	B2

⑬은 《하우 투 랩》에서 싱글라이너 방식이라고 소개된 라임 배치이

다.[90] 라임은 보통 마디 끝과 끝에서 짝을 이루어서 작용하는 게 일반적인데, 넓게 보면 한 마디 안의 스네어와 스네어 사이에서 짝을 이루어 라임으로 작용한다고도 볼 수 있다. 다음은 그 예시가 될 수 있다.

⑬에 나온 라임 배치대로 첫 반 마디에 A1라임 '시작' 그리고 마디 끝에 A2라임 '심장'을 배치했고 마찬가지로 다음 마디에 B1, B2라임을 '삼아'와 '살아'로 배치했다. 읽어 보면 한 마디 안에서는 라임으로 작용하지만 막상 다음 마디로 넘어가면 그 여운이 남지 않기에 라임으로써의 효과가 짧은 편이라 다른 라임 배치와 함께 응용을 하면 좋다. 앞서 ②에서 예시로 든 '. 뭐 그/ 정도로 .더 버/는 놈도' 의 경우도 싱글라이너 라임 배치로 볼 수 있다.

---

90   폴 에드워즈, 앞의 책, 136쪽.

누구나 랩

⑭

	A1
	A2
	A3
B1	B2

⑭는 싱글라이너 방식의 응용된 예라고 볼 수 있다. 싱글라이너 방식은 마디 끝에서 라임으로 작용하는 게 아니기에 리듬감의 여운이 길지 못한 단점이 있지만 어긋나는 리듬감을 주기도 해서 변칙적으로 활용이 가능하다. ⑬에서와 마찬가지로 다음은 그 구체적인 예시가 될 수 있다.

아.침부터 저/녁까지 쓰.고 있는 논/문

하지.만 이제 서/론 지나 . 겨우 본/문

끝.이 안보이/네 괜히. 흐르는 눈/물

언.젠가는 박/사도 될 거야 아/싸

이 가사 역시 ⑬과 거의 마찬가지인데 마디 끝이 라임으로 작용하는 첫 번째, 두 번째, 세 번째 마디와 함께 마지막 네 마디 구간을 싱글라이너 방식으로 라임을 배치해보았다. 독특한 리듬감을 줄 수 있다는 장점은 있지만 ⑬과 마찬가지로 라임의 여운이 짧은 편이다.

⑮

	A
	A
	A
	B
	B

위 라임 배치는 홀수 부분에 라임을 배치한 방식이다. 이 책에서는 라임을 배치하는 기준 마디 수로 네 마디를 제시했다. 분명 가장 일반적인 라임 배치 방식이지만 창작에 무조건적인 규칙이란 있을 수 없다. 또 래퍼들이 간혹 이런 방식으로 라임을 배치하기도 해서 마지막 라임 배치표로 추가해 보았다.

아.침부터 저/녁까지 쓰.고 있는 <u>논/문</u>

하지.만 이제 서/론 지나 . 겨우 <u>본/문</u>

끝.이 안보이/네 괜히. 흐르는 <u>눈/물</u>

기필.코 졸업 하/고 언.젠가는 <u>박/사</u>

과.정까지 올/라가게 될 . 거야 <u>아/싸</u>

위 가사는 ⑭의 예시문을 변형한 것이다. 소리 내어 읽어 보면 라임은 있지만 짝수가 아니라 홀수 마디에 라임을 배치했기에 정돈된 느낌이 아니라 뭔가 엇나간 리듬을 느낄 수가 있다. 이 리듬 또한 그 특유의 맛이 있다고 할 수 있다. 이유는 정돈된 느낌이 아니기 때문이다. 하지만 라임을 넓게 생각하면 어떤 방식이든 모두 라임 배치표에 포함할 수 있고, 또 너무 정돈된 리듬의 라임 배치만 쓰다 보면 지루해질 수 있다. ⑮의 라임 배치를 활용하면 독특한 리듬을 제시할 수도 있을 것이다.

기존의 연구에서는 라임의 종류를 즈로 설명하고 있다. 하지만 라임의 종류를 파악하는 것보다 박자 위에서 라임이 배치되는 형태를 시각적으로 익히는 것이 실제 창작에서는 큰 도움이 될 수 있다. 따라서 15가지 라임 배치표를 예로 들어 가장 기본적인 라임 배치부터 복잡한 응용 라임 배치까지 살펴보았다. 좋은 라임을 찾고, 적절한 위치에 라임을 올리는 것이야말로 랩 창작과정에서 가장 중요한 사항이라 할 수 있다.

3. 스네어를 기준으로 한 라임 배치

마디 수를 세는 데 기준으로 삼는 스네어는 라임을 배치하는 가장 기본적인 위치이기도 하다. 또 스네어를 기준으로 어떻게 라임을 배치하느냐에 따라 랩의 전반적인 플로우가 결정된다. 《누구나 랩》에서는 이를 보다 쉽게 설명하기 위해 그림과 함께 마디 끝 스네어를 기준으로 한 라임의 배치에 따라 변하는 '플로우의 종류 6가지'를 제시하고자 한다. 이러한 배치 방법은 실제 랩을 분석하고 랩 가사를 창작하는 데 큰 도움이 될 것이라 생각한다. 이러한 방법을 익히고 나면 무작정 랩을 듣는 것이 아니라 랩의 플로우가 향하는 길을 알고, 예측하며 따라 부르거나 쓸 수 있게 될 것이다. 또 글자 수를 마디 끝 하이엣에 채워서 '이어지는 느낌'이 드는 플로우와 한 마디가 끝나기 전 '스네어를 밟고 시작'하는 플로우, 그리고 첫 번째 쿵을 기준으로 반 마디를 쉬고 시작하는 플로우와 뒤에 반 마디를 비워두는 플로우까지 총 10가지 플로우 형태를 예로 들어 설명하려고 한다. 이를 그림으로 제시하면 다음과 같다.[91]

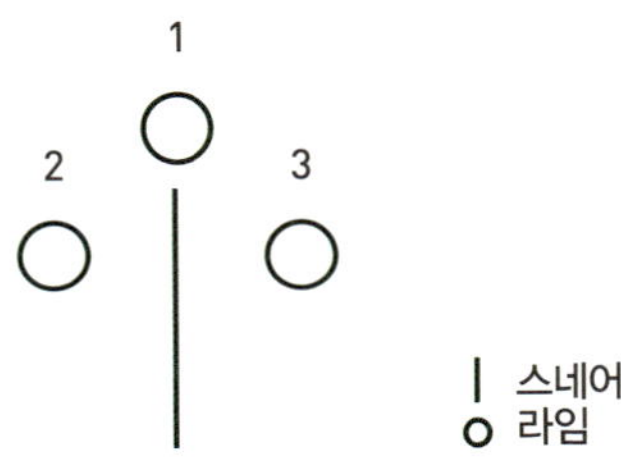

[그림 3-4] 스네어를 기준으로 한 라임 배치

위 그림은 스네어를 기준으로 라임을 배치하는 방식을 나타낸다. 라임의 위치가 스네어 앞, 뒤 또는 동일한 속도로 배치될 때 그 위치는 미묘하지만 리듬의 차이는 크다. 현장 연구를 통해 래퍼들이 빈번하게 활용하는 6가지 플로우를 터득하게 되었는데, 위의 그림은 이를 간략하게 정리한 것이라 할 수 있다.

---

91 필자는 숭실대학교 흑인 음악 동아리 다피스에서 음악을 시작했다. 훌륭하신 선배님들이 많으셨는데 그 중 래퍼 데드피 선배님께 많은 가르침을 받았다. 필자는 데드피 선배님의 접근 방식을 참고하였으며 그의 음악과 랩에서 많은 영향을 받았음을 밝힌다. 또한 이 자리를 빌려 감사 인사를 전한다. [그림 3-4]는 데드피 선배님께서 알려주신 방법론이며 그것을 필자 나름의 방식으로 다시 해석해 각 리듬의 예시로 정리했다.

  누구나 랩

다양한 플로우 창조 방법

앞에서 살펴보았듯이, 스네어를 기준으로 리듬을 활용하면, 래퍼들이 플로우를 만드는 방법을 보다 쉽게 익힐 수 있다. [그림 3-4]를 보면 스네어를 기준으로 라임이 각각 1, 2, 3에 위치해 있다. 각각의 숫자 그대로 1번 리듬, 2번 리듬, 3번 리듬이라 칭하고 그 리듬마다의 특징을 정리했다. 이 방식은 앞서 말했듯, 라임을 배치하고 마디 수를 세는 기준으로 삼는 스네어를 이용해 리듬 활용 방식을 설명하는 것이다.

이 개념을 모르는 창작자는 무작정 랩을 창작할 때 1번 리듬, 2번 리듬, 3번 리듬의 형태 중 한두 가지의 리듬만 활용하는 편이다. 하지만 스네어를 기준으로 한 라임 배치를 익히면 다양한 종류의 리듬을 활용할 수 있게 된다. 특별한 재능이 있지 않는 한 창작자에게 익숙하지 않은 또 다른 리듬을 표현하기란 어렵다. 하지만 스네어를 기준으로 한 라임 배치를 익히면 다양한 리듬을 이해하는 데 도움을 받을 수 있다. 이 리듬을 익히면 대부분의 래퍼들이 플로우를 만드는 형식을 쉽게 익힐 수 있으며, 랩 가사를 창작할 때에도 활용 가능하다.[92] 먼저 글을 읽고, 동영상 강의를 보며 함께 따라 해보기 바란다.

1. 스네어를 기준으로 한 플로우의 10가지 창조 방법

① 1번 리듬

라임의 첫 글자가 마디 끝 스네어와 부딪친다.

. 유난히 검/었었던 어.릴적 내 살/색

– 윤미래의 〈검은 행복〉의 랩 중 일부

라임은 보통 한 마디의 끝(두 번째 스네어 위)에 올리는 편이다. 예시문

---

92 1번, 2번, 3번이란 숫자를 붙인 리듬의 형태는 필자가 현장 연구를 통해 붙인 이름이다. 더 세세하게 2번 리듬은 두 종류로 2–1번 리듬과 2–2번 리듬으로 분류했으며, 3번 리듬은 3–1번 리듬, 3–2번 리듬, 3–3번 리듬으로 분류했다. 큰 틀로 보자면 스네어를 기준으로 라임이 앞에 나올 때를 2번 리듬으로, 라임이 뒤에 나올 때를 3번 리듬으로 칭했지만 보다 다양하고 세밀한 설명을 위해 여섯 종류의 리듬으로 정리하고자 한다.

에서 (/)는 스네어를 의미하고, (/)가 두 번 나왔으므로 위 글은 한 마디 안에 쓴 랩 가사라는 것을 알 수 있다. 그리고 두 번째 스네어(/) 위에 올려진 '살색'은 라임으로 선택된 단어이다. 두 번째 스네어를 보면 '살색'에서 첫 글자인 '살'이 (/)표시 바로 앞에 있다. 다르게 표현하면 '살'이 스네어와 부딪치고 있다.

1번 리듬은 랩에서 가장 쉽게 많이 쓰이는 리듬이다. 첫 글자가 부딪친다고 말했지만 라임으로 쓰인 단어의 글자 수가 세 글자 이상일 경우 끝 글자를 기준으로 앞의 몇 번째 글자가 부딪치든 1번 리듬이라 생각하면 된다. 예를 들어 라임으로 쓰인 단어가 '컴퓨터'라면 끝 글자 '터'를 기준으로 앞에 있는 어떤 글자든 스네어와 부딪친다면 1번 리듬이라 할 수 있다. '컴/퓨터, 컴퓨/터 모두 1번 리듬인 것이다.

② 2-1번 리듬

라임의 끝 글자가 마디 끝 스네어 전에 나와서 부딪치지 않는다. 예시로 들었던 랩 가사를 2-1번 리듬으로 변형해 브았다.

2-1번 리듬은 1번 리듬에 비해 글의 길이가 짧거나 랩을 발음하는 속도를 빠르게 해서 라임이 스네어 전에 나오게 하여 여유 있는 리듬을 만드는 효과를 준다. 랩이란 밀고 당기는 긴장과 이완의 연속인데 2-1번 리듬은 긴장을 풀어주는 이완의 역할을 하는 데 주로 쓰인다. 2-1번 리듬을 쓰는 간단한 요령은 라임을 스네어가 아니라 스네어 전 킥에 배치하는 것이다.

위 랩의 라임 부분인 '피가 돌아'와 '피카소가'는 킥(.)에 배치되어 있고 뒤에 스네어(/)가 조금 사이를 두고 떨어져 표시되어 있는 것을 알 수 있다. 2-1번 리듬으로 랩을 느긋하게 이완시킨 것이다.

③ 2-2번 리듬

라임의 끝 글자가 마디 끝 스네어와 딱 맞게 부딪친다. 예시로 들었던 랩 가사를 2-2번 리듬으로 변형해 보았다.

2-2번 리듬은 끝 글자가 스네어에 딱 맞게 속도를 같이해서 맞춰 떨어지므로 안정감을 주는 리듬이다. 쓰는 요령은 1번 리듬을 조금 빨리 발음하거나 2-1번 리듬에 한두 글자만 추가하면 된다. 재지팩트의 〈아까워〉라는 곡의 첫 네 마디 모두가 2-2번 리듬에 해당된다.

– 재지팩트Jazzyfact의 〈아까워〉의 랩 중 일부[93]

랩을 들어 보면 '까'와 '마'가 모두 마디 끝 스네어와 동일한 속도로 떨어진다는 것을 알 수 있다.

④ 3-1번 리듬

1번 리듬에서 라임이 나왔던 부분을 일부러 쉬고, 스네어 소리를 듣고 라임을 뒤에 말한다. 예시로 들었던 랩 가사를 3-1번 리듬으로 변형해 보았다.

---

93 재지팩트, 《Lifes Like》 앨범 4번 트랙. (2010).

. 유난히 검/었었던 어.릴적 내 / 살색

말 그대로 1번 리듬의 예시에서 '살'과 부딪쳐 '살/색'이라고 읽었던 스네어를 듣고 그 후에 '살색'을 발음하는 것이다. 엇박 리듬을 줄 수도 있지만 자칫하면 박자를 절 수도 있기에 속도를 잘 계산해서 발음해야 한다.

난 트랩을 갖.고 노는 케/빈 언제나 불.판 위의 / 베이컨

– 슈프림팀Supreme Team의 〈이릿〉의 쌈디 랩 중 일부[94]

위 랩 가사의 마디 끝 '/ 베이컨'을 좀 더 편한 속도로 읽으면 1번 리듬처럼 '베/이컨'이라고 발음하면 되지만 래퍼 쌈디는 일부러 뒤로 라임을 밀어서 독특한 리듬감을 만들어 내고 있다. 이런 박자감이 래퍼들의 스킬이자 실력이 된다.

⑤ 3-2번 리듬

한 글자가 2-2번 리듬으로 스네어와 부딪친 뒤 라임을 말한다. 예시로 들었던 랩 가사를 3-2번 리듬으로 변형해 보았다.

. 유난히 검/었었던 나.의 어릴적/ 살색 .

---

94 슈프림팀, 《Thanks 4 The Wait》 앨범 2번 트랙. (2013).

예시를 살펴보면 어릴'적'에서 '적'이라는 글자가 스네어와 2-2번 리듬으로 딱 맞춰 떨어지고 조금 여운을 둔 뒤에 라임 '살색'이 발음된다. 3-1번 리듬에선 한 글자도 부딪치지 않고 공간을 띄웠다가 라임을 발음했다면 3-2번 리듬은 한 글자가 박자의 안정감을 잡아준 뒤 라임을 스네어 뒤로 민 것이라고 생각하면 된다. 1번 리듬과 유사하지만 '살색'이라는 글자 자체만을 라임이라고 보았을 때, 스네어를 기준으로 라임이 스네어 뒤에 있다는 점에서 3번 리듬이라 할 수 있다.

⑥ 3-3번 리듬

1번에서 라임이 나왔던 부분에 두세 글자를 추가해서 라임이 스네어 뒤에 나오게 한다. 예시로 들었던 랩 가사를 3-3번 리듬으로 변형해 보았다.

1번 리듬의 예시에서 라임이 나왔던 부분에 '얼굴의'라는 세 글자를 추가해서 라임이 스네어 뒤에 나오도톡 한다. 라임이 다음 한 마디의 시작점에 있는 킥에 배치되어 있다. 이 역시 3-2번의 리듬과 마찬가지 이유로 '살색'만을 라임이라 보고 스네어를 기준으로 라임이 스네어 뒤에 있다는 점에서 3번 리듬이라 할 수 있다. 3-2번 리듬과 3-3번 리듬은 3-1번 리듬의 응용으로 스네어를 기준으로 라임을 뒤로 보내는 연습이 가능해서 위처럼 예시를 만들어 보았다.

　플로우를 만드는 방법은 위 6가지 방식 외에 '이어가기'와 첫 마디 시작 전 '스네어를 밟고 가기', 그리고 '반 마디 쉬고 랩하기'와 '뒤에 반 마디 비워두기'까지 4가지가 더 있다. 이 역시 현장에서 연구를 통해 정리한 방법이며 플로우를 만드는 데 도움을 줄 수 있다.

⑦ 이어가기 리듬

　1번 리듬에서 라임이 나온 뒤 부분에 두세 글자 정도를 추가해서 랩을 이어가게 만든다. 보통은 스네어 부분에 라임을 올리고 조금 공백을 두고 다음 마디 발음을 시작하는데 공백을 두는 부분은 바로 드럼에서 하이엣(치)에 해당된다. 그 부분에 글자를 추가에서 공백 없이 랩이 이어지도록 만드는 것이다.

　윤미래의 〈검은 행복〉 첫 번째 마디 끝에 (근데)라는 두 글자를 추가해 공백 없이 이어지는 리듬을 만들었다. 랩을 조금 빠르게 하거나 쉬지 않고 빽빽한 속도로 발음할 때 도움이 된다.

⑧ 스네어에 맞춰 랩을 시작하는 두 가지 방법

박자에 맞춰 랩을 하는 가장 대표적인 방식은 한 마디를 듣고, 다음한 마디가 시작될 때에 맞춰서 시작하는 것이다. 하지만 한 마디가 끝나는 스네어 전부터 랩을 시작할 수도 있다. 앞서 밝혔듯이, 랩은 보통 드럼에서 스네어가 두 번 나온 후 한 마디가 끝나고 다음 한 마디가 시작되는 타이밍에 맞춰 본인의 가사를 뱉는 것이 일반적이다. 하지만 또 다르게 한 마디가 시작되기 전 반 마디 앞에 스네어를 밟고 랩을 시작하는경우도 있다. 다시 말하면 일반적으로는 스네어를 두 번 듣고 랩을 시작한다. 쿵, 딱, 쿵, 딱 4박자를 세고 랩을 뱉는 것이다. 하지만 스네어를 밟으면서 랩을 뱉는 것은 쿵, 딱, 쿵 3박자를 세고 4번째 딱을 밟으면서 시작하는 것을 의미한다. 이를 통해 랩의 시작점부터 리듬의 변화를 줄 수있으며 쓸 수 있는 글자 수를 늘려 하고자 하는 말을 더 충분히 할 수있다. 스네어를 두 번 듣고 랩을 시작하는 예시는 다음과 같다.

. / . / → 우린 다.투지 말/자 시간 낭.비니까/

– 재지팩트의 〈아까워〉의 랩 중 첫 마디

. / . / → 너는 뛰.쳐나가 차/문을 부술. 듯이 닫으/면서

– 다이나믹 듀오의 〈죽일 놈〉의 랩 중 첫 마디[95]

---

95 다이나믹 듀오, 《Band Of Dynamic Brothers》 앨범 5번 트랙, (2009).

. / . / → . 유난히 검/었었던 어.릴적 내 살/색

위 예시문은 가장 기본적으로 한 마디가 끝나고 다음 한 마디가 시작
될 때 맞춰서 랩을 시작하는 것이다. 다음으로 스네어를 밟고 랩을 시작
하는 경우의 예시는 다음과 같다.

. / . '어항/' 속에 갇.힌 고/기들보다. 어쩌/면

. / . '오/'늘은 생.각도/ 긴.말도/

. / . '창/'문 좀 열어 환/기 좀 해. 소금/을 뿌린 바.람

예시로 든 3가지 랩 모두 첫 시작 부분이 아직 한 마디가 채 끝나지 않
은 두 번째 스네어를 밟고 간다는 것을 알 수 있다. 랩을 시작할 때 조금

---

96 빈지노, 《2 4 : 2 6》 앨범 3번 트랙. (2012).

97 빈지노, 위 앨범 3번 트랙. (2012).

98 다이나믹 듀오, 《LUCKYNUMBERS》 앨범 9번 트랙, (2013).

더 글자 수를 확보할 수 있고 또 다른 플로우로 랩을 시작할 수도 있다. **단, 이 부분을 전체 마디 수에 포함시켜 반 마디를 더 쓰면서 시작했다고 볼 수도 있지만 첫 마디에는 따로 포함시키지 않고 무시해서 마디 수를 센다. 왜냐하면 밟고 시작한 반 마디에 다음 반 마디를 더해 한 마디라고 계산하게 되면 마디 끝에 라임을 올리는 기본적인 라임 배치가 첫 시작부터 어긋나서 정돈되지 않은 어지러운 라임 배치가 생겨나기 때문이다.**

⑨ 반 마디 쉬고 랩 하기

랩을 아주 여유 있게 시작할 때 활용할 수 있다. 랩이 꼭 빠를 필요는 없다. 오히려 랩은 여유가 중요하다. 그리고 랩은 속도의 변화가 중요한데 처음부터 랩을 빠르게 하는 경우보다는 점차 속도를 올리는 경우가 더 많다. 반 마디 쉬고 랩을 시작하는 것은 아주 여유 있는 시작이라 볼 수 있다. 반 마디를 쉬고 랩을 시작하는 예시는 다음과 같다.

.　/　벌써 2.년이 지/났지

.　/　세상.은 많이/ 바뀐

– 스윙스Swings의 〈듣고 있어?〉의 랩 중 첫 두 마디[99]

반 마디를 듣고 랩을 시작함으로써 속도 조절을 느리게 할 수 있고,

---

[99]　스윙스, 《Swings #1 Mixtape Vol. II》 앨범 CD2 4번 트랙, (2013).

여유를 느끼게 만든다. 랩의 시작 초기엔 조급하게 빠른 가사를 쓰기보다 오히려 이렇게 비워두는 리듬을 표현하면 전달력을 키우는 데 도움이 된다.

⑩ 뒤에 반 마디 비워두기

⑨의 경우와는 반대로 뒤에 반 마디를 비워두고 랩을 할 수도 있다. 이 플로우 역시 여유 있는 리듬감을 줄 수 있으며 여운을 준다. 반 마디 후에 반 마디를 비워두는 예시는 다음과 같다.

– 그레이의 〈하기나 해(Feat. 로꼬)〉의 랩 중 일부

지금까지 스네어를 기준으로 라임을 배치하는 6가지 방법과 이어가기, 그리고 스네어 밟고 가기와 반 마디 쉬고 랩하기, 뒤에 반 마디 비워두기까지 4가지 방법을 포함해 총 10가지 플로우 생성 방법을 제시했다. 사람은 누구나 자신만의 리듬이 있고 자신이 잘 표현하거나 익숙한 리듬이 있기 마련이다. 하지만 랩을 표현하는 데 있어서는 다양한 플로우를 개발하고 스킬을 뽐낼 수 있어야 한다. 만약 별다른 노력 없이 그저 자신 안의 리듬만으로 가사를 쓴다면 플로우가 다양해질 수 없을 것이다.

2. 플로우 디자인하기

라임을 배치하듯이 플로우도 잘 디자인할 수 있어야 한다. 랩은 긴장과 이완의 연속이다. 플로우란 언어를 밀고 당기는 것을 말하며, 일반적으로 랩의 속도를 의미한다. 무조건 빠르게 랩을 하거나 반대로 여유 있게 랩을 하는 것은 어느 쪽이든 결국 지루해질 수밖에 없다. 그래서 랩에서는 속도 조절이 중요하다. 보통 풀어주고 당겨준다. 일반적으로 느리게 시작해서 조금씩 빨라진다는 말이다. 그리고 중간 중간 속도를 늦췄다가 다시 빠르게 랩을 배치한다. 풀어주는 리듬은 2-1번 리듬으로 가장 확실하게 표현할 수 있다. 당겨주는 리듬은 1번 리듬, 또는 이어주기 또는 한 마디 안에 글자 수를 많이 배치해서 빠르게 랩을 하는 것이다.

플로우를 잘 디자인하기 위해서는 스네어를 기준으로 라임 배치하기에서 설명한 1번 리듬, 2번 리듬, 3번 리듬을 활용하는 것이 효과적이다. 또 보컬적인 재능이 있다면 랩에 멜로디를 섞어서 재미를 줘도 좋고, 최신 힙합 음악에서 유행하는 플로우를 참고해서 자신만의 플로우와 섞어 사용해도 좋을 것이다. 플로우는 라임과 비슷하게 보통 두 마디 또는 네 마디마다 변화를 주는 편이며, 마디 구분 없이 랩 자체의 플로우가 독특하거나 밀고 당기는 흐름 자체가 뛰어난 경우도 있다. 플로우 디자인이 좋은 랩의 예시는 다음과 같다.

①

창/문 좀 열.어 환/기 좀 해. 소금/을 뿌린

바.람 향/긋하네 . 헝클/어 뜨리지.마

정/수리 뒤.에 붙은 포/니테일

. 너의 이/브닝 드.레스 무늬에 몰/입돼

②

. 밤 하/늘에 달 전.등은 켜/지고

. 얼음은 녹/아 마시.기 쉬워/지고

. 사회 종/교 예술 가.십 어떤 이/슈던

간.에 말이 잘/ 통해 박수. 소리가 나/네

③

. 오늘만 날/이 아냐 . 난 급하/지 않아

. 내 시간/은 느리고 마.음에는 공간/이 많아

. 대화는 귀/부터 행동.은 신중하/게

자기 말.만 하는 성/급한 마.초들과는 달/라

④

. it's all/ right . 물은 우/리 체온보.다

약간 높/아 . 같이 풍/덩

랩 가사에 드럼의 킥과 스네어를 표시하여 분석할 경우, 4마디를 한 묶음으로 띄워서 연을 나눈다. 마디 수를 셀 때 깔끔하고 보통 4마디마다 라임이나 플로우의 변화가 생기기 때문이다.

설명의 편의상 랩에는 없는 개념인 시의 연으로 분류해서 위 랩의 플로우 디자인을 살펴보자면 ①연에서는 스네어를 밟고 시작했으며, 전체적으로 가사의 주제와 어울리는 느긋한 플로우를 선보인다. 첫마디에 스네어(/) 표시가 3개인 것은 밟고 가는 리듬감의 첫 반 마디를 한 마디를 세는 기준에서 제외했기 때문이다. 앞서 한 설명을 반복하자면, 밟고 시작한 반 마디에 다음 반 마디를 더해 한 마디라고 계산하게 되면 마디 끝에 라임을 올리는 기본적인 라임 배치가 첫 시작부터 어긋나서 정돈되지 않은 어지러운 라임 배치가 생길 스 있으니 주의하자. ②연의 앞 두 마디 역시 그런 느긋한 플로우로 리듬을 풀어주고 있는데 바로 다음 두 마디 '. 사회 종/교 예술 가.십 어떤 이/수던간.에 말이 잘/ 통해 박수. 소리가 나/네'에서는 랩을 타이트하게 당겨주고 있다. 그러다 ③연의 시작에선 다시 랩이 느긋해진다. 전형적으로 밀고 당기며 긴장과 이완을 잘 주는 유연한 플로우라고 할 수 있으며, ②연의 끝이 타이트했기에 ③연의 시작이 더욱 느긋하게 느껴진다. 그러다 다시 ③연의 세 번째 네 번째 마디 '. 대화는 귀/부터 행동.은 신중하/게 자기 말.만 하는 성/급한 마.초들과는 달/라'에선 ②연의 세 번째 네 번째 마디처럼 급하게 당기며 긴장감을 주고 있다. 마지막 ④연에선 느긋함을 더해서 약간의 멜로디를 섞어서 또 다르게 플로우를 디자인한다.

이는 타악적인 느낌만 반복되면 자칫 지루해질 수 있어서 멜로디를 섞어 랩을 더욱 풍성하고 재미있게 꾸며 준 것이다. 이처럼 플로우를 디자인하기 위해선 긴장과 이완을 효과적으로 잘 사용해야 한다.

3. 플로우 카피하기[100]

카피란 어떤 래퍼의 랩을 톤부터 숨소리까지 그대로 베껴서 따라 불러보는 것이다. 그리고 플로우 카피하기란 카피한 랩의 플로우를 자신의 글로 다시 써 보는 것이다. 플로우 카피가 이루어지는 과정은 우선 다른 래퍼의 랩을 따라 부르고 외우면서 그 래퍼가 활용한 호흡과 억양, 라임과 플로우, 발성과 톤 등을 익혀야 가능하다. 그 후에 카피한 곡의 래퍼가 발음한 음절수를 킥과 스네어 위치에 맞춰 플로우를 카피해 자신의 글로 흡수할 수 있다.

---

[100] 어떤 예술이든 학습이든 모방에서부터 그 시작이 이루어진다. 또한 카피는 실력을 키우는 가장 빠르고 좋은 연습 방법이다. 혹자는 카피를 통해 누군가를 흉내 내면 그 뮤지션의 아류가 되진 않을까, 너무 많은 영향을 받지 않을까, 하는 걱정들을 하기도 한다. 하지만 단순한 카피캣이 되는 것을 스스로 경계하고, 다양한 뮤지션의 음악을 듣고 따라 부르며 영향을 받은 후 자신만의 색깔을 펼치는 것은 얼마든지 가능하며 오히려 성장에 큰 도움이 될 것이다.

①

. 넌 화/장	안한	얼.굴	이 더	/이뻐
3	2	2	2	2
. /Baby	대체	뺄. 살이	어딨/어	
2	2	3	3	
. 따/로	할 필요	.없어	다0 /	어트
2	3	2	2	2

. 넌	내/ 안	에서	하.루	종일	/뛰어
1	2	2	2	2	2

②

. 내 눈/동	자는	눈.부	시게	빛/나
3	2	2	2	2
.그 안/에	너를	담.고	있으	니/까
3	2	2	2	2
. 넌 아/프	리카	해.처럼	Very	/ hot
3	2	3	2	1

.넌 아마	지/구	온난	화.의	큰	책/임자
3	2	2	2	1	3

③

. 내/가	신호	라.면	빨간	불/로		
2	2	2	2	2		
.지나	가는/ 널	좀 더	보.려고	멈추/고		
2	3	2	3	3		
. 너가	내/ 눈	물이	라.면	난 오	늘/도	
2	2	2	2	2	2	
.널 느끼	려/고	울고	불.고	하는	울/보	
3	2	2	2	2	2	

④

.친절을	베/풀어	길 잃.은	내게	알/려줘		
3	3	3	2	3		
니 심.장	으로	가/	는	길. /		
3	2	1	1	1		
내꽃을	받.아줘	장/미	에게	보여	줄수	있/게
3	3	2	2	2	2	2
뭐가	진.정	아름	다/	운지. /		
2	2	2	1	2		

누구나 랩

더블케이의 〈멘트〉 1절을 킥과 스네어로 분석하고, 카피한 후 래퍼 더블케이가 글자를 발음한 음절수를 가사 아래 숫자로 표시한 것이다. 눈으로 보이는 음절수와 래퍼가 랩으로 뱉은 음절수는 조금 차이가 있으므로 꼭 카피를 통해서 음절수를 제대로 파악하는 것이 중요하다. 보통 음절수는 2글자 또는 3글자 단위이고 본인이 느끼기에 래퍼가 발음하며 끊은 음절수는 조금씩 차이가 있을 수 있다. 위의 인용 부분은 16마디의 랩을 총 4연으로 나눠서 정리한 후 플로우 카피 작업을 한 것이다. 이때 원곡에서 래퍼가 랩으로 뱉은 글자의 음절수와 킥과 스네어 위치를 지켜야 한다. 이것은 창작자의 리듬이 아닌 프로 뮤지션의 리듬을 그대로 익혀 보는 작업에 해당한다. **작가가 되기 위해 필사를 하거나 화가가 되기 위해 모사를 하듯이 래퍼들의 랩을 카피하는 것은 수준 높은 플로우를 빠르게 익힐 수 있는 효과적인 방법이 될 수 있다.**

①

3	2	2	2	2
. 넌 화/장	안한	얼.굴	이 더	/이뻐
. 난 오/늘	따라	너.무	나도	/슬퍼

---

101 더블케이, 《멘트》 앨범 1번 트랙. (2012).

2	2	3	3
./Baby	대체	뺄. 살이	어딨/어
./왜이리	힘이	드.는지	서글/퍼

2	3	2	2	2
.따/로	할 필요	.없어	다이	/어트
.말/로	설명할.	방법	다잊	/어

1	2	2	2	2	2
.넌	내/ 안	에서	하.루	종일	/뛰어
.다	사/라	졌어	친.구	들도	/꺼져

①연 1행에서 '얼.굴이 더'라는 부분은 문장으로만 보면 음절수가 3, 1로 보이지만 래퍼가 발음을 할 때 '얼굴 / 이더'라고 끊어서 읽었기에 '너.무 / 나도'라고 2, 2음절로 플로우 카피를 한 것이다. 2행에서 Baby는 실제 발음 음절수는 세 글자이지만 발음의 속도가 빨라 '베비'로 2음절로 발음이 된다. 플로우 카피한 '왜이리' 역시 발음의 속도에 따라 2음절로 맞출 수 있기에 플로우 카피 글자로 선택되었다. 또 3행에서 '다이어트'는 눈으로 보기에 4음절 또는 2, 2음절이지만 래퍼가 발음을 할 때 거의 '다이 엇'으로 했기에 플로우 카피를 할 때 3음절인 '다 잊어' 로 대체

 누구나 랩

했다. 마찬가지 방식으로 전체 4연을 모두 플로우 카피한 가사는 다음과
같다.

①

. 난 오/늘 따라 너.무나도 /슬퍼

. /왜이리 힘이 드.는지 서글/퍼

. 말/로 설명할. 방법 다잊/어

. 다 사/라졌어 친.구들도 /꺼져

②

. 내 머/릿속에 가.득찬건 혼/돈

. 출구/는 없는 벽.뿐 이야 온/통

. 또 아/프니까 느.껴져 괴리/감

. 난지금제/일 쓸모 없.는 잉여인/간

③

. 사/랑 하는 우.리 부모 님/께

.용돈대신/ 주름만 드.리네 더깊/게

. 내 동생/아 미안하.다 형이 못/나

.널 챙겨주/지 못해 나.밖에 난 몰/라

④

다음 가사는 로꼬LOCO의 〈자꾸 생각나〉의 1절이다. 랩을 카피하기 전 가사에 킥과 스네어로 박자를 표시하고, 래퍼가 뱉은 음절수를 숫자로 표시했다.

①

. 머/릿	속을	맴.도는	실/루엣		
2	2	3	3		
. 보/고	또 봐.	도안	지/루해		
2	2	2	3		
. 눈을	마/주	치며	미.소를	지/을	때면
2	2	2	3	2	2
난. 그냥	가/만히	앉.아있	지/ 못해		
3	3	3	3		

②

.너　　　　/ 때문에　　　잠.을　　　못 자/
1　　　　　3　　　　　　2　　　　　2

더 아.름　　다워　　　보/여　　　너의　　　이.름　　　조차/
3　　　　　2　　　　2　　　　　2　　　　　2　　　　　2

숨막　　　.혔던　　　몸/　　　그 목　　　.소리　　　까/지
2　　　　2　　　　　1　　　　2　　　　　2　　　　　2

하나.도　　빠짐　　　없/이　　　자꾸　　　떠.오　　　르니까/
3　　　　2　　　　　2　　　　　2　　　　　2　　　　　3

③

. 괜　　　히/　　　아　　　닌. 척을　　해/봐도
1　　　1　　　　1　　　　3　　　　　3

. 다른　　여/자　　들은　　　곁.　　　눈질　　　해/봐도
2　　　2　　　　2　　　　1　　　　2　　　　3

. 잊혀　　지지/가　　않아　　머릿　　　속에서/
2　　　3　　　　2　　　　2　　　　3

잠에　　들지　　못/해　　눈을　　감.　　아봐도　　/ 난
2　　　2　　　2　　　2　　　1　　　3　　　　1

②연의 1행 '너 때문에'는 문장으로 보기에는 4음절이나 2, 2로 나눌 수 있지만 실제 랩을 뱉을 때 '너'를 발음하고 공백을 뒀기에 1음절로 구분했고, ③연 1행의 '괜히 아닌'에서도 '괜', '히', '아'를 모두 1음절씩 끌면서 발음했기에 1음절로 표시했다. 플로우 카피를 한 예시는 다음과 같다.

①

. 오/늘밤도 추.억이 필/요해

. 너/가 떠나.고 나 홀/로네

. 어느 곳/에서나 흔.적이 묻/어있어

멍.하니 울/다가 눈.물을닦/아네

②

. 왜 / 널잡지 못.했을까/

또 미.련만이 남/아 매일 순.간순간/

더잘.해줄 걸/ 난 멍.청이같/이

감정.을 아끼면/서 계산 했.던것일까/

---

102 로꼬, 《LOCOMOTIVE》 앨범 4번 트랙. (2014).

③

이와 같은 방식으로 플로우 카피를 하면 카피를 통해 익힌 박자감과 리듬을 본인의 글로 복습하고 체득하게 되는 장점이 있다. 작가가 필사를 하듯이 래퍼도 다른 뮤지션의 랩을 많이 듣고 따라 부르고 또 좋은 흐름을 가진 플로우를 계속 습득해서 자신의 스타일로 만들 필요가 있다.

4. 호흡 표기하기

랩에서 숨을 쉬는 것은 매우 중요하다. 정말 빠르게 들숨과 날숨을 마시고 뱉어야 하기 때문이다. **만약 어느 정도 랩을 뱉고 다음 마디까지 소화할 수 있을 정도의 공기가 남아 있다고 하더라도 숨을 들이쉴 수 있는 여유가 아주 조금이라도 생기면, 호흡을 들이셔서 채워 넣기를 반복해야 한다.**

1절

①

0 멋져보/이겠지 힙.합은 그/런 거 빼.면 시체/야

0 난 도.도한 너를/ 다룰 수 있.는 인재/야

0 너.란 그림이/ 기댈 수 있.는 나는 이/젤

이.제 붓을 들/었으니 설.렘을 주의/해

②

0 너.의 아는 오/빠들 0 가.장 친한 친/구도

너에.게 손을 못/대게 나는. 눈에 꽉 힘/주고

0 니.가 손을 잡/을 때는 나.는 우주로/ 가

0 별.을 따올 테/니 기다려. 0이곳에/ 딱

2절

①

0너의 긴. 다리 위/에서 축.구하고 싶/어

땀이 .날땐 너의/ 눈 안에 수.영하고 싶/어

0사.랑한다 하/기 보단 장.난치고 싶/고

너가. 삐질때는/ 그 모습이. 너무 귀여/워

②

－ NS 윤지, 기리보이Giriboy의 〈설렘주의〉의 랩 중 일부[103]

기리보이와 NS 윤지가 함께 부른 〈설렘주의〉랩 1, 2절이다. 가사 앞에 '0'으로 표시한 구간은 숨을 들이쉴 수 있는 구간이다. 랩을 따라 불러 보면 '0' 부분에서는 순간적으로 빠르게 호흡을 들이마실 수 있다. 1절의 ①연은 스네어를 밟고 랩을 시작했다는 것을 알 수 있다. 또 어떤 랩이든 시작 전에는 무조건 충분한 호흡을 들이쉬고 시작해야 한다. 그렇지 않으면 호흡이 부족해 중간에 랩이 끊기거나 불안하게 들리기 때문이다. 호흡으로 위 랩을 분석하자면 1절의 ①연은 2행까지는 한 마디를 뱉고 한 번씩 숨을 쉴 수 있고, 3행과 4행은 한 호흡으로 두 마디를 이어가야 한다는 것을 알 수 있다. ②연의 1행은 시작 전 한 번 호흡을 쉴 수 있고, 반 마디 후에 아주 짧게 호흡을 쉰 뒤 한 마디 반을 한 번에 이어가야 한다. 그리고 ②연 3행은 한 번 호흡을 쉬고 한 마디, 또 4행은 반 마디를 뱉고 또 숨을 쉴 수 있는 틈이 있어서 들이마시고 마지막 반

---

103 NS 윤지, 기리보이, 《설렘주의》 앨범 1번 트랙. (2014).

마디를 뱉을 수 있다.

앞서 말했듯이 만약 ②연의 4행을 자신이 가진 호흡만으로 한 마디를 다 쉴 수 있다고 하더라도 랩은 호흡을 쉴 수 있는 타이밍에 가능한 빠르게 숨을 채워 넣어야 다음 마디를 무리 없이 이어갈 수 있다. 랩이 거의 끝나가고 또 호흡이 남아 있더라도 숨을 채운 뒤 랩을 마무리한다. 2절의 ①연은 각각 한 번의 호흡으로 두 마디를 이어가야 하고, ②연은 한 번의 호흡을 쉬고 한 마디씩 총 네 마디를 다 이어갈 수 있다. 2절은 호흡을 쉬는 타이밍이 ①연에서는 두 마디에 한 번씩, ②연에서는 각 행마다 숨을 들이 쉴 수 있기에 호흡 연습에 좋은 랩이라고 할 수 있다.

5. 하이엣을 기준으로 한 레이백 리듬[104]

킥과 스네어만으로도 충분히 가사의 박자를 기억하고 뱉을 수 있다. 하지만 더 세세하게 하이엣까지 표시하거나 이미지화시킬 수 있다면 랩을 할 때 보다 세밀하게 박자를 밀고 당길 수 있게 된다. 드럼의 대표적인 요소인 킥, 하이엣, 스네어는 때릴 때 나는 소리로 발음했을 때 킥은 '쿵', 하이엣은 '치', 스네어는 '딱'이라고 표현할 수 있다. 지금까지 쿵은 (.), 스네어는 (/)로 표시했는데 하이엣은 (')로 표시하기로 한다. 쿵 치

---

[104] 레이백 리듬은 드럼의 킥과 스네어를 기준으로도 설명하고 활용할 수 있다. 다만 좀 더 세세하게 표현하려 하이엣을 기준으로 설명하겠다. 하이엣의 활용은 앞서 이어가기 리듬에서도 설명했다.

누구나 랩

딱을 박수로 쳐 보면 좀 더 이해가 쉽다. 먼저 왼쪽으로 박수를 치면서 '쿵'이라고 발음한다. 그 뒤 오른쪽 대각선 위로 손바닥을 올리면서 '치'라고 발음한다. 그리고 마지막으로 오른쪽 대각선 아래로 박수를 치면서 '딱'이라고 발음해 보면 드럼의 킥, 하이엣, 스네어를 박수로 표현할 수가 있다. 킥과 하이엣과 스네어에 어떻게 랩 가사가 들어가고 발음할 수 있는지 살펴 보면 다음과 같다.

더블케이의 〈멘트〉의 1절 첫 마디 가사이다. 가사에 드럼을 표시하는 분석법으로 알 수 있는 사실은 위 가사의 첫 두 글자 '넌 화'가 바로 드럼의 킥(.)과 스네어(/)사이에 있다는 것이다. 그리고 하이엣은 킥과 스네어 사이에 있으므로 '넌 화'라는 글자 어딘가에 하이엣이 위치하고 있고, 래퍼 더블케이는 계산적으로 하이엣의 위치를 기준으로 '넌 화'라는 두 글자를 발음하고 있다. 하이엣을 기준으로 '넌 화'라는 글자의 속도를 조정하여 발음할 수 있는 경우의 수는 다음 그림처럼 크게 3가지라고 볼 수 있다.

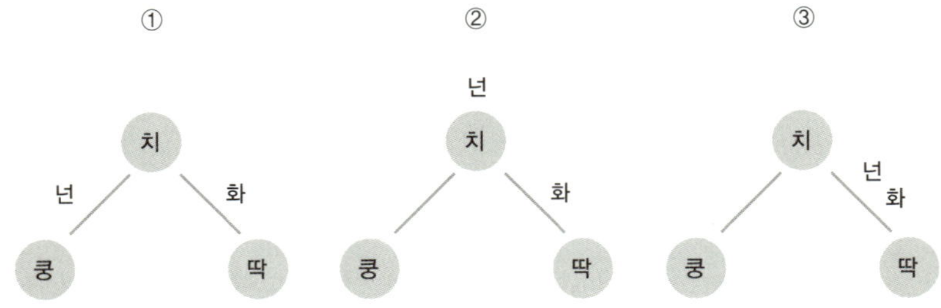

[그림 3-5] 하이엣을 기준으로 박자 타기

첫 번째는 킥 소리가 나자마자 바로 '넌'이라는 글자를 하이엣까지 발음한 후 하이엣부터 스네어가 나오는 동안 '화'라는 글자를 발음하는 방법이다. 두 번째는 킥부터 하이엣이 나오기 전까지의 시간을 공백으로 두고 하이엣 위치에서 동시에 '넌'을 발음하고 스네어가 나오는 동안 '화'라는 글자를 발음하는 것이다. 세 번째가 바로 더블케이가 발음한 방법인데 킥부터 하이엣이 나올 때까지 시간을 공백으로 두고 하이엣에서 스네어가 나오는 타이밍까지 기다렸다가 뒤로 밀듯이 '넌 화'라는 글자를 거의 동시에 발음하는 방법이다. 킥부터 하이엣, 그리고 스네어가 나오기 직전까지 공백을 뒀고 '넌 화'라는 글자를 스네어가 나올 때 거의 동시에 발음했기에 박자를 뒤로 미는 느낌을 극대화시킨 레이백[105] 방식의 박자 타기라고 할 수 있다. 이 레이백이 〈멘트〉의 곳곳에서 나오는데 〈멘트〉를 하이엣까지 표시해서 분석하면 다음과 같다.

---

[105] 긴장을 풀다, 마음을 편안하게 갖다, 라는 뜻의 영어 문장으로 랩에서는 박자를 뒤로 미는 느낌을 표현한다.

①

. '넌 화/장 안'한 얼.굴이 '더 /이뻐'

. ' /Baby 대'체 뺄. 살이' 어딨/어'

. ' 따/로 할' 필요.없어' 다이/어트'

. ' 넌 내/ 안에'서 하.루종'일 /뛰어'

②

. '내 눈/동자'는 눈.부시'게 빛/나'

. '그 안/에 너'를 담.고 있'으니/까'

. '넌 아/프리'카 해.처럼' Very/ hot'

.넌 아'마 지/구 온'난화.의 큰 ' 책/임자'

③

. '내/가 신'호라.면 빨'간 불/로'

.지나'가는/ 널 좀' 더 보.려고' 멈추/그'

. 너'가 내/ 눈물'이라.면 난' 오늘/도'

.널 느'끼려/고 울'고 불.고하'는 울/보'

④

.친절을' 베/풀어' 길 잃.은 내'게 알/려줘'

니 심.장으'로 가/는 ' 길. ' /

〈멘트〉에서는 레이백 리듬을 잘 활용해 랩을 아주 맛깔나게 표현하고 있는데 주로 첫 시작점이 되는 킥 후에 하이엣을 기준으로 박자를 밀어주는 것과 마디 끝 라임을 스네어가 떨어질 때쯤에 맞춰 밀어준다는 것을 알 수 있다. 그리고 발음을 씹으며 전체적으로 뒤로 끌면서 랩을 한다는 것을 알 수 있다.[106]

지금까지 라임의 종류와 라임 배치표, 스네어를 기준으로 1번, 2번, 3번 리듬과 이어가기와 스네어 밟고 가기, 반 마디 쉬고 랩 하기, 뒤에 반 마디 비워두기, 호흡을 쉬는 부분 표시하기 등으로 랩을 작사하거나 분석하는 방법을 살펴보았다. 랩이란 메시지, 라임, 플로우라는 3가지 요소가 조화롭게 어우러져야 한다. 어느 한 가지 요소만 발전시켜서는 좋은 래퍼가 되기 어렵다. 또 배경 지식 없이 막연하게 랩에 접근하면 발전 속도가 더딜 수밖에 없다. 그러므로 《누구나 랩》에 실린 예시가 랩의 형태와 기술적인 측면을 이해하는 데 도움이 되었으면 한다.

---

106 앞서 각주로 설명했듯이 레이백 리듬이 모두 하이엣을 기준으로 이루어지는 것은 아니다. 드럼을 기준으로 박자를 밀듯이 랩을 하는 것과 발음까지도 영향을 준다.

새로운 창작 방법을 활용한 랩 분석의 예

1. 기존의 랩 분석 방법

현재까지 랩을 기보하는 가장 기본적인 방법은 라임 부분에만 밑줄을 긋거나 괄호를 하는 정도의 방법들이 대부분이다. 기보법이란 '음악을 기록하기 위한 방법이며, 눈으로 기록을 보고 음악을 재현할 수 있게 돕는 것'이다. 하지만 현재까지 랩의 기보법은 라임만 표시하는 너무 단순한 방법이거나 랩의 특성을 고려하지 않고 악보에 표시한 것이 많아서 쉽게 알아보고 재현하기가 어렵다. 랩의 특성을 살린 기보법이 보다 보편화된다면 랩을 분석하거나 작사하는 데 큰 도움이 될 것이다.

– [예시 1] 랩의 기존 기보 방법 '라임 부분 표시하기'[107]

이것은 랩을 기보할 때 현재 가장 많이 사용하는 방법으로 '라임 부분 표시하기'이다. 라임 부분을 표시함으로써 래퍼가 활용한 라임의 개수나 배치를 대략 파악할 수는 있지만 음악 위에서 이루어지는 가사로는 파악되지 않는다. 어떻게 위 랩을 박자에 맞춰 읽었는지 알 수 없기에 그 한계가 드러난다.

1	2	3	4
	Eeyuck,	make ya	skin crawl
press one	button let the	wind fall.	who gon'
stop us? Fuck	the coppers!	The mind of a	kilo
shopper, seeing my life through the windshields of choppers			

---

107 술제이와 타래, 《The Present》 5번 트랙. 〈주정〉 (2012).

– [예시 2] 랩의 기존 분석 방법 : 폴 에드워즈의 플로우 다이어그램[108]

폴 에드워즈의 《하우 투 랩》에서 설명하는 플로우 다이어그램을 통한 랩의 기보법이다. 플로우 다이어그램은 3부 '박자 중심의 가사 쓰기'에서 드럼을 여덟 개의 쉼표로 나타낸 것과 같은 식으로 드럼을 숫자로 표현한 것이다. 여기서 1, 2, 3, 4가 바로 쿵, 딱, 쿵, 딱에 해당되는데, 1, 2, 3, 4로 표시한 박자 위에 가사를 나열하면 가사를 분석하는 데 도움을 준다. 하지만 이러한 방법은 박자라는 틀에 너무 얽매여서 자유로운 가사 창작을 어렵게 만드는 한계를 갖는다.

폴 에드워즈의 《하우 투 랩》에서 설명하는 플로우 다이어그램은 이미 나온 랩 가사를 분석하는 것에 집중한다. 하지만 《누구나 랩》처럼 '본인의 가사를 자유롭게 느낌대로 발음한 후 드럼으로 박자를 표시하는 방법'에 관한 설명은 없다. 플로우 다이어그램은 박자라는 틀을 너무 의식하게 하고 가사의 배치나 글자 수마저도 단조롭게 만들 수 있다. 또한 단순히 숫자가 아니라 드럼의 개념을 설명하는 편이 순서상 맞을 것이다. 가사에 킥과 스네어를 표시하는 방법은 이해가 쉽고 틀에 얽매이지 않는다.

---

108 클립스(Clipse), 《Hell Hath No Fury》 8번 트랙. 〈Keys Open Doors〉 (2006).

[악보 1] 알 재로우 〈Blue rondo a la turk〉

위의 [악보 1]은 알 재로우의 〈Blue rondo a la turk〉[109]의 제1-4마디의 악보에서 라임으로 사용된 '-dy', '-ny', '-dy', '-dy', '-ly'를 0으로 표시했다. 앞서 설명한 것처럼 랩을 단순하게 라임으로 분석한 것이다. 악보를 읽는 능력이 없는 경우에는 이를 보고 따라 부를 수 없을 것이다.

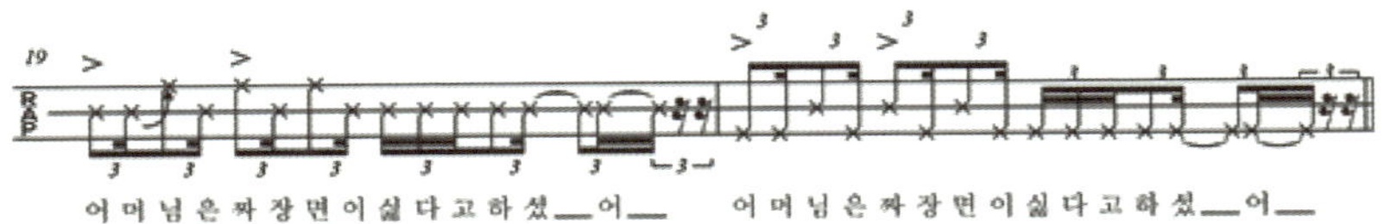

[악보 2] god 〈어머님께〉 제19-20마디

[악보 2]는 god 〈어머님께〉[110]의 제19-20마디[111]로 삼선지에 랩의 피치를 음표로 제시한 악보이다. 삼선지에 랩의 피치까지 나타냈지만 오선지

---

109 김병화, 「재즈 보컬 Al Jarreau의 표현기법 연구」, 경희대학교 아트퓨전디자인대학원, 2009, 20쪽.

110 god, 《Chapter 1》 6번 트랙, (1998).

111 이철희, 앞의 논문, 59쪽.

와 마찬가지로 읽으면서 재현하기는 어렵다. 은의 피치를 표현하는 삼선지를 통해 래퍼의 톤이 낮은지, 중간인지, 높은지는 이해할 수 있지만, 이 역시 오선지와 마찬가지로 음표를 읽는 능력을 요하기 때문이다.

[예시 1], [예시 2], [악보 1], [악보 2] 등은 모두 기존의 랩 분석 방법을 제시한 것으로, 라임의 사용과 박자의 배치, 음의 피치 등을 분석하는 데는 도움이 되지만, 이를 보고 박자에 맞춰 랩을 하기는 어렵다는 점에서 결정적인 한계를 갖는다.

2. 새로운 랩 분석 방법

지금까지 제시한 랩 창작 방법론을 토대로 기존의 랩 가사를 분석하여, 랩을 이루는 기본적인 틀을 살펴보고자 한다. 이를 통해 랩 창작 방법으로도 활용이 가능할 것이라 생각한다. 예시로 든 빈지노의 〈Nike Shoes〉는 2번 리듬과 레이백 리듬을 활용한 여유 있고 느긋한 느낌을 주는 랩이다. 팔로알토의 〈감기〉는 주로 1번 리듬을 활용했고, 빈지노의 〈Nike Shoes〉와 마찬가지로 레이벅 리듬을 잘 활용하고 있다. 로꼬의 〈니가 모르게〉는 1번 리듬, 2번 리듬, 3번 리듬을 적절하게 배치해 플로우 디자인을 하고 있으며, 전체적으로 여유 있게 랩을 해서 카피곡으로도 활용이 많이 되리라 생각한다. 다이나믹 듀오의 〈BAAAM〉은 좋은 플로우 디자인으로 랩의 긴장과 이완을 주고 있으며, 앞서 말한 3곡에 비해 조금 더 속도감이 있는 편이다. Big Sean의 〈I Dont Fxxx With

You〉는 독특한 플로우를 연습하는 곡으로 활용이 가능하리라 생각되며, 영어 랩에서도 필자가 제시한 분석 방법이 적용 가능하다는 것을 보여준다. 사실 어떤 언어에서든지 적용이 가능하다.

1) 빈지노 〈Nike Shoes〉

①

0 산.책'하/기 ' 딱.인 ' <u>온/도와</u>'	A1 (1번 리듬)
.0 '그녀/의 발'엔 나.이키' <u>운/동화</u>'	A2 (1번 리듬)
.0 'I li/ke u'r sty.le ba'by /	X (2–1번 리듬)
0 그녀'의 뒤.로 늘'어선/ 그'림자. 속'에 <u>묻/어'가.</u>	A3 (1번 리듬)

②

0 왜 여'자들/은 그'리 명.품에' <u>환/장해?</u>'	A1 (1번 리듬)
. 0 캠'퍼/스 안'의 명.품백' /	A2 (2–1번 리듬)
0 'is tha.t cha'nel /0 is tha't gi.venchy' /	B1 (2–1번 리듬)
0 '한쪽. 어'깨/로 드'는 <u>이.삿짐'</u>/	B2 (2–2번 리듬)

③

0 허'나 이. 아'이/는 예'<u>외.인 듯</u>' 해/	A1 (2–2번 리듬)
0 호'리호.리한' 등/짝' <u>에. 있는</u>' 백/	A2 (2–2번 리듬)

0 회'색. 후디' 위/ 가방'은 네.이비' 샀/　　　　　A3 (2-2번 리듬)

0 찰'랑.이는' 머릿/결은' wa.vin 'fla/g　　　　　A4 (1번 리듬)

④

0 '그녀.의 걸'음/걸이' 느낌. 있'게 /　　　　A1 / B1 (2-1번 리듬)

0 춤'추.는 귀'고리/ 너'의 귀. 밑'에 /　　　　A2 / B2 (2-1번 리듬)

0 이' 도.시는' 너/에 비'해 시.시해'/　　　　C1 (2-1번 리듬)

0 넌' 시멘.트에' 색/감을' 이.식 ' 해/　　　　C2 (2-2번 리듬)

– 빈지노의 〈Nike Shoes〉의 랩 중 일부[112]

　　빈지노의 〈Nike Shoes〉 랩을 살펴보면 주로 2-1번 리듬, 2-2번 리듬을 많이 활용하여 전체적으로 여유 있게 풀어주는 플로우 디자인을 한 것을 알 수 있다. 네 마디를 기준으로 A1 라임으로 네 마디를 주로 이끌었지만, ②연에서는 A1, B1 두 종류의 라임을 활용했고, ④연에서는 A1, B1, C1까지 보다 다채롭게 라임을 활용했다. 드럼을 기준으로 볼 때는 마디의 시작점에서 킥에서 하이엣까지 주로 비워두며 랩을 뒤로 밀듯이 시작하는 레이백 리듬의 활용이 돋보인다.

　　메시지적인 측면에서 살펴보면 자신이 호감을 가지게 된 한 여인을, 명품보다는 캐주얼한 나이키 신발을 신는 스타일이라는 비유를 통해 명

112　빈지노, 《2 4 : 2 6》 앨범 1번 트랙. (2012).

품으로 치장한 여자보다 오히려 더욱 특별한 가치를 지닌 사람이라 느끼
게 한다.

2) 팔로알토_{Paloalto} 〈감기〉

①

.0 ' 방/안에'서 혼.자 꿈'을 꿨/을땐'　　　　　　A1 (1번 리듬)

.0 ' 거/창한'걸 바.란적'이 없/었네'　　　　　　A2 (1번 리듬)

.0 ' 원/하던'걸 내. 손안'에 쥐/었을'땐　　　　　A3 (1번 리듬)

.0 ' 감사/함보'다 욕.심이'더 컸/었네'　　　　　A4 (1번 리듬)

②

.0 내'가 아/닌 내'가 내.가 됐'어 어/느새'　　　A1 (1번 리듬)

.0 '인사/를해' 거울.속에' 낯선/그대'　　　A2 / A3 (1번 리듬)

.0 '예전/의 난' 지워.졌나'봐 결/국엔'　　　　　A4 (1번 리듬)

0이.젠 이'게 또/다른' 나니.까 다'시 적/응해'　A5 (1번 리듬)

③

.0 '다 크/고나'니 아.버지'도 흘/리는'　　　　　X (1번 리듬)

눈.물0 ' 난 내/ 가족'을 지.켜나'갈 준/비해'　　A1 (1번 리듬)

0. '사/는건 참' 치.사하'고 유/치해'　　　　　　A2 (1번 리듬)

0. 고'상한/척하'는 내.가 제'일 웃/기네'　　　　　　　A3 (1번 리듬)

④

0. '예민/해지'면 혀.가 바'로 흉/기네'　　　　　　　A1 (1번 리듬)

0. 뱉'은만/큼 내' 마음.에 더' 큰 흉/ㅈ 네'　　　　　A2 (1번 리듬)

0. 지'금 서/있는'곳 . 꿈'을 꿀/ 침대'　　　　　　　B1 (1번 리듬)

.0꿈은'현실/이지' 낭만.이 깨'어 숨/쉴때'　　　　　B2 (1번 리듬)

– 팔로알토의 〈감기〉의 랩 중 일부[113]

　팔로알토의 〈감기〉는 주로 1번 리듬을 활용하고 있다는 것을 알 수 있다. 단조로울 수 있는 리듬 활용이지만 오히려 그 단순함이 리듬감을 극대화시키고 있다. 라임의 활용도 또한 리듬의 사용과 마찬가지로 복잡하거나 다채롭진 않다. 16마디의 마디 끝 거의 전체가 'ㅐ'나 'ㅔ'로 끝나는데 아마도 나름의 규칙을 규정해서 한 가지 라임으로 글을 채운 게 아닐까 예상된다. 드럼을 기준으로 볼 때는 〈Nike Shoes〉와 마찬가지로 마디의 시작점에서 킥에서 하이엣까지를 주로 비워두며 랩을 뒤로 밀듯이 시작하는 레이백 리듬의 활용이 돋보인다.

　메시지적인 측면에서 〈감기〉라는 제목이 상징하듯 아픔을 참고 기침하듯 살고 있는 어느 개인 또는 우리 모두의 삶을 조명한다. 좋은 일이

113　팔로알토, 《Cheers》 앨범 4번 트랙. (2014).

생겨도 감사하기보다 더 큰 욕심을 내고, 치열하게 살다 보니 싫어하던 일도 하게 되고 꿈보다 현실을 좇게 되는 인생이 그려진다.

3) 로꼬 〈니가 모르게〉

①

0 오'늘도 조.용하'게 말/하지' 닿.을 수' 있다/면 '　　　　A1 (1번 리듬)

0 당.장 ' 그리/로 달'려갈. 수' 있다/면 '　　　　A2 (1번 리듬)

0 어쩔. 수' 없다/는 '상황. 탓을' 하/며 괜'히　　　　A3(1번 리듬과 이어가기)

상.상해' 보/는 너'와 마.주치'는 장/면 '　　　　A4 (1번 리듬)

②

0 .날 달'래주/는 말' 언.젠가'는 / '　　　　A1 (2-1번 리듬)

0 그래 다.시 볼' 수 있/겠지' 널 언.젠가'는 /　　　　A2 (2-1번 리듬)

0 매'일 너.의 사'진들/을 확'인하.는 나'와는/　　　　A3 (이어가기)

다르'게 애.써 무'관심/한 척' 보낸. 말'들 / '　　　　A4 (2-1번 리듬)

③

0 더는 아.무것'도 모/른 채 ' 살고. 있겠' /0　　　　A1 (3-1번 리듬)

지' 노래.를 듣'게 되/도 그'냥 지나.치겠' /0지 '　　　　A2 (3-1번 리듬).

. 용기'를 내/고 싶'어 마.셨던' 술/　　　　B1 (2-2번 리듬)

때문'에 잃.었던 ' 기억/ 서롤 ' 붙잡.고 쳤'던 /0 춤'　　　　B2 (3-1번리듬)

④

.0더 빠'져들/기 싫'어서.멈췄'던 대/화 '　　　　A1 (1번 리듬)

0 년 지.금쯤' /0 ' 어.떤 '상대/와 '　　　　A2 (1번 리듬)

또 인.연을' 맺/고 ' 있을. 수도' 있/어 '　　　　B1 (1번 리듬)

이기.적이'지만 그/ 인연'은 아.니길' 난 빌/어 '　　　　B2 (1번 리듬)

– 로꼬의 〈니가 모르게〉의 랩 중 일부[114]

　　로꼬의 〈니가 모르게〉를 살펴보면 ①연과 ②연에서 모두 세 마디째 리듬을 이어가기로 처리하고 있다는 것이 특징이다. 이는 플로우 디자인의 가장 기본적인 예시가 될 수 있는데 첫 두 마디의 리듬이 1번 또는 2-1번일 때 그보다 좀 더 긴장을 시킬 수 있는 이어가기를 사용해 앞 두 마디는 풀어주고 뒤에 두 마디는 당겨주는 플로우를 활용하고 있다. ③ 연에서는 3번 리듬을 활용해 플로우를 다채롭게 꾸며서 재미를 더하고 있다. 마지막 ④연은 오히려 1번 리듬을 평범하게 사용해서 마무리를 깔끔하게 정리했다. 라임의 사용은 그리 많지 않지만 모든 연에서 꼭 규칙적으로 지키고 있어서 안정감을 주고, 명사의 사용보다는 구어체의 말들로 라임을 활용하고 있어서 듣는 이에게 실제로 말하듯이 내용을 전

114　로꼬, 《LOCOMOTIVE》 앨범 3번 트랙. (2014).

달하는 효과를 준다. 메시지적인 면에서 살펴보면 이별 후에도 헤어진 연인을 못 잊어서 그녀가 모르게 그리워하고 괴로워하는 남자의 일상을 누구나 공감이 되도록 잘 그려내고 있다.

4) 다이나믹 듀오 〈BAAAM〉

①

0 오전'에 보.낸 ' 문/자는' 메.아리'가 없/어 '	A1 (1번 리듬)
0 하.루 종'일 내/ 기분'은 맥.아리'가 없/어 '	A2 (1번 리듬)
0 .친구'들/에겐 밀고 . 당'기는 중/	B1(2-2 리듬과 이어가기)
사'실 니.가 던'진 떡/밥에 완'전. 낚이'는 중/	B2 (2-2번 리듬)

②

0 뒤집'어놓.지' / 내' 속.과 니' 전/화 '	A1 (1번 리듬)
0 어.깨 '근처/에 향수'만 묻.혀놓'고 가/냐	A2 (1번 리듬과 이어가기)
내'가 너.의 '0 옹/달'샘.은 아닌'데/	X (2-2번 리듬과 이어가기)
왜 항'상 커.피 아님' 술/만 '얻.어먹'고 가/냐	A3 (1번 리듬)

③

넌' 논.란의' 캐/릭터' 뱃.걸 ' /	A1 (2-1번 리듬)
0 희'망이.란 채'찍으/로 내' 맘.을 고'문해/	B1(2-2번 리듬과 이어가기)

난 어'둠.의 기'사/ 여기' 밸.트 매' 걸/ '　　　　　　A2(2-2번 리듬과 이어가기)

0 쭉.하게' 취/한 널' 집에.다 모'셔주/네　　　　　　　　B2 (1번 리듬)

④

왠'지 넌. 0' 사/연 있'는 여.자 같'아/　　　　　　　　　A1 (2-2번 리듬)

가벼'운 덤.0'벨/처럼' 들었.다 놨'다/　　　　　　　　　A1 (2-2번 리듬)

헷갈'리게.0'해/ 너'의 애.매한' 태/도 '　　　　　　　　B1 (1번 리듬)

0어.디야' 지/금 영'화 예.매했'대/도 '　　　　　　　　 B2 (1번 리듬)

　　다이나믹 듀오의 〈BAAAM〉중 1절 개코의 랩 부분이다. 리듬적인 측면을 살펴보면 1번 리듬과 2번 리듬, 그리고 이어가기를 적절하게 잘 섞어서 사용하고 있다는 것을 알 수 있다. 특히 2번 리듬과 이어가기를 잘 활용해 랩의 밀고 당김을 아주 잘 표현하고 있다.

　　라임적인 측면에서 보면 다음절 라임이 돋보이는데 ①연에서 '메아리가 없어'와 '맥아리가 없어' ④연의 '애대한 태도'와 '예매했대도'는 각각 6음절 5음절로 긴 음절수의 다음절라임을 선보인다. ②연에서는 내용 전개와 플로우를 라임을 조화롭게 활용한 A1. A2, X, A3 라임 배치로 3마디에서는 라임을 포기했고, ③연에서는 A1, B1, A2, B2 라임 배치로

115　다이나믹 듀오, 《LUCKYNUMBERS》 앨범 번 트랙. (2013).

라임을 적절하게 잘 조화시켰다.

메시지를 살펴보면 어장 관리를 당하는 남자가 여자를 뱀이라고 칭하며 자신을 들었다 놨다 하는 장면 장면을 유머 있게 표현한다.

5) Big Sean 〈I Don't Fxxx With You〉

①

0 I he'ard you go,t a ne'w ma/n I se'e you ta,kin a pi'c/　　A1(2–2번 리듬)

0 Then yo'u po,st it u'p thi/nkin tha't its ma,kin me' sick/　　A2(2–2번 리듬)

0 B'r Br, I see yo'u ca/lling I b'e ma,kin i't quick/　　A3(2–2번 리듬)

0 I'mma a,nswer tha't shi/t like' 0 I, don't fx/xx wi'th you,　　X(1번 리듬)

②

0 ' Bi/xxx I go't no fee,lings t'o go /　　A1 (2–1번 리듬)

0 I swe'ar I ha,d it u'p to he/re I go't no ce,ilings t'o go /　　A2 (2–1번 리듬)

0 I me'an for re,al '0 fx/xx ho'w you fe,el '0 Fx/xx　　B1 / B2(2–1번 리듬과 이

어가기)

yo'ur two ce,nts if ain't go/in towa'rds the bi,ll '0 ye/ah '　　B3 (2–1번 리듬)

③

0 And e,veryda'y I wa/ke up 'celeb,ratin shi't why/ '　　A1 (2–2번 리듬)

0 Cause I just do'dged a bu/llet fro'm a cr,azy bi'xxx I/ '   A2 (2–2번 리듬)

0 stu,ck t'o my gu/ns that's what ma,de me ri'ch Tha/t is B1 /B2 (1번 리듬

과 이어가기)

what pu't me on, that is wha't go/t me he're Tha,t is what ma'de me thi/s '

B3 / B4 (1번 리듬)

④

0 And e,verythi'ng that I d/o i's my fi,rst name '0 The/se

A1 (1번 리듬과 이어가기)

hxxx' chase bre,ad '0 aw da/mn she go't a bi,rd brain '0 Ai/nt

A2 / A3 (1번 리듬과 이어가기)

nothin' but t,rill in m'e a/w ma'n si,lly m'e I / just

B1 / B2 (2–1번 리듬과 이어가기)

bou'ght a cr,ib thre'e stories/ that b x'xx a tri,logy '0 An/d

B3 (2–1번 리듬과 이어가기)

⑤

you kno'w I am ro,llin' weed that's fu/xxxx u'p the o,zone' /

A1(2–1번 리듬)

0 I go't a bi,xxx that te'xt me sh/e aint go't no clo,thes on' /

A2(2–1번 리듬)

Big Sean의 〈I Dont Fxxx With You〉는 플로우가 매우 독특하고 다양하다. 주로 2번 리듬이라고 적었지만 2번 리듬 후에 바로 1번 리듬 또는 이어가기를 활용하고 있는데, 특히 ④연에서 첫 두 마디는 라임을 1번 리듬으로 던진 후에 이어가기를, 또 뒤에 세 번째 네 번째 마디는 라임을 2–1번 리듬으로 던진 후에 이어가기를 활용하고 있어서 듣는 재미를 더하고 있다. 라임의 전개를 살펴보면 ①연에서는 첫 세 마디는 A1, A2, A3 라임을 기본적으로 배치하지만 네 마디에서 라임을 포기하고 이 곡의 메인 테마인 'I Dont Fxxx With You'를 올리고 있다. 메시지를 라임보다 더 강조한 예이다. ②연 첫 두 마디는 A1, A2으로 다음 세 번째 네 번째 마디는 B1, B2, B3로 라임을 배치하고 있다. ③연에서 동어 반복이긴 하지만 세 번째 네 번째 마디를 다음절 라임으로 타이트하게 라임 구성을 했고, ④연은 다시 ②연과 같은 라임 배치를 해서 반복적인 느낌을 준다. ⑤연에서는 마지막 세 번째 네 번째 마디를 주목할 만한데

---

116 Big Sean, 《I Don't Fuck With You》 싱글

①연에서처럼 메인 테마인 'I Dont Fxxx With You'를 끝에 올리기 위해 B3 라임을 마디 끝이 아닌 그 전 반 마디 스네어 위에 빨리 배치했다.

　메시지적인 측면에서 보자면 헤어진 여자가 일부러 자신을 괴롭히고 과시하듯 SNS를 하지만 자신은 신경 쓰지 않는다는 내용을 다소 직설적으로 비속어와 함께 담아내 통쾌함을 준다.

　한국 힙합은 계속해서 발전하고 있그 랩의 스킬적인 면에서도 매우 수준이 높아졌다. 빈지노의 〈Nike Shoes〉와 팔로알토의 〈감기〉, 그리고 로꼬의 〈니가 모르게〉는 랩의 속도가 빠르진 않지만 기본기가 탄탄하고 레이백과 플로우 디자인을 잘 활용하고 있다. 가사를 쓸 때 그 구조를 참고로 삼아 창작자 자신의 글로 현역 래퍼들의 발자취를 따라가면 자신의 스타일을 만들어 갈 수 있을 것이다. 다이나믹 듀오의 〈BAAAM〉 같은 경우는 속도감이 조금 빠른 부분이 있어 처음엔 여유 있는 랩부터 시작해 차차 속도감을 올리는 랩을 익히는 데 도움을 줄 것이다. 가사의 센스와 표현력을 참고할 수도 있다. Big Sean의 〈I Dont Fxxx With You〉를 통해 영어도 한국어와 마찬가지로 드럼과 호흡과 라임 배치표를 통한 분석이 가능하다는 것을 알 수 있다. **랩을 창작하는 것은 본능적이고 감각적인 영역이므로 세세한 분석에 얽매일 필요는 없다. 필자는 연구자로서 독자들에게 조금이라도 더 자세한 내용을 설명하려 노력했을 뿐이다.**

2017
FREESTYLE
DAY
FREESTYLE DAY 12TH ANNIVERSARY SINCE 2006

4부

프리스타일 랩

프리스타일 랩에 대하여

1. 프리스타일 랩이란?

프리스타일 랩은 '평소의 기본 실력을 바탕으로 한 즉흥 랩'이라 할 수 있다. 일반적으로 랩에서의 기본 실력은 고심하며 적은 가사들을 통해 나온다. 물론 랩을 시작한 계기가 프리스타일인 사람도 있고, 프리스타일만을 연습해 프리스타일 자체가 기본 실력이 된 사람도 있지만, 놀이가 아닌 직업으로써 또 곡의 완성을 위한 작업으로써 가사 쓰기는 필수이다. 프리스타일과 가사 쓰기는 상호작용할 수 있지만 먼저 각각의 성질을 구분하고 서로 다른 작업 방식이 필요하다는 것을 이해해야 한다. 보통 프리스타일을 잘하면 가사를 잘 쓰지 못하거나 반대로 가사를 잘 쓰면 프리스타일을 못하는 경우가 많다. 그만큼 양쪽 모두 많은 노력을 요하는 예술이며 어느 한 쪽으로 치우치기 쉽다.

2. 프리스타일 랩의 매력

가사를 쓰는 것은 프리스타일처럼 순간에 모든 것을 바치는 것이 아니라 몇 십 년 후까지도 남을 결과물을 염두에 두는 것이다. 시간을 두면서 다듬고 보완해서 완성된 작품을 내놓는 것이기에 프리스타일에 비해 깊이 있는 시도를 할 수 있다. 그러므로 대개 프리스타일보다 더 높은 수준의 구성을 짜서 내용을 표현하게 된다. 당연히 음악을 하는 사람들은 프리스타일보다 더 큰 비중을 둘 수밖에 없다. 또 열심히 적은 가사를 바탕으로 기본 실력을 쌓아 둔다면 즉흥적인 프리스타일에서도 다양한 이야기를 들려 줄 수 있다.

반면 프리스타일의 가장 큰 매력 중 한 가지는 순간의 최선을 통한 '초월'이다. 자기 자신도 모르는 사이에 (신들린 듯한) 영적인 순간을 맞이해 두 번 다시 재현할 수 없을 정도의 커다란 에너지를 담은 랩을 내뱉는 것이다. 그 우연한 순간은 주로 프리스타일 랩 배틀처럼 긴장된 상황에서 이루어진다. 배틀에서 패배란 죽음과도 같은 것이기에 래퍼는 고도의 집중으로 한계를 뛰어 넘는다. 하지만 이것은 비단 배틀에서만 이루어지는 것이 아니라 그 순간을 놓치면 후회해드 되돌릴 수 없는 프리스타일 자체가 가진 속성이다.

여기서 생각해 볼 문제는 프리스타일의 강력한 힘을 과연 녹음한 결과물에도 담아낼 수 있느냐 하는 것이다. 프리스타일은 그 상황에 맞게 랩을 하는 것이기에 주변 사람들에게서 즉각적으로 반응을 이끌어 낼 수 있지만 녹음은 다르다. 일정한 주제로 버스Verse와 후크Hook를 적고, 곡을 살리기 위한 모든 요소를 고려해 완성시켜야 한다. 그 후 노래를 오래도록 곱씹으며 듣는 리스너들에게서 서서히 반응을 구할 수 있다. 무작정 프리스타일 랩 연습에만 치중하다 보면 가사 쓰기를 게을리하게 되고 내용의 깊이나 음악성도 떨어지기 십상이다. 프리스타일을 인생의 활력소나 놀이로써만 생각한다면 상관이 없지만, 업으로써 랩을 생각한다면 펜을 잡는 일이 무엇보다 중요하다. 가사를 더욱 많이 써 보아야 한다. 프리스타일에 관해 이야기하는 챕터에서 웬 찬물을 끼얹는 소리냐, 하고 말할 수도 있다. 하지만 래퍼라면 프리스타일뿐만 아니라 힙합과 랩 전반에 대해 올바르게 이해해야 한다. 그리고 어느 한 쪽에 치우치기보다 모든 방면이 균형 있게 조화를 이룰 수 있도록 노력해야 한다.

어쨌든 프리스타일 랩은 써둔 가사를 뱉는 것이 아니라 비트를 듣고, 반응하여 그 순간 머릿속에서 가사를 쓰고 그걸 곧바로 뱉는 것이다. 길거리 싸이퍼를 통해서 프리스타일러들이 모여서 재밌는 게임을 하듯 랩을 주고받는다. 필자는 2005년 Miller Groove Day 프리스타일 랩 배틀 대회에서 우승하고 미국 뮤직 페스티벌과 뉴욕에서 디제이 프리모가 진행하는 클럽 공연에 초대되었다. 그 후 프리스타일 랩이란 문화가 가진 힘과 즐거움을 한국 힙합 판에도 알리고 싶어서 래퍼 울티마와 함께 '프리스타일 타운'을 설립하고, 2006년부터 수년간 서울, 대전, 대구, 부산, 울산, 광주, 창원, 인천, 춘천, 제주도 등지를 돌며 프리스타일 랩 세미나와 랩 배틀 대회를 진행했다. 그리고 '프리스타일 데이'라는 한국 최대 최고 랩배틀 대회 겸 힙합 콘서트를 12년 동안 주최하며 프리스타일 문화의 흐름을 이끌었다. 그동안 필자가 겪은 다양한 경험을 통해 체득한 프리스타일 랩을 하는 방법을 소개하겠다.

다 같이 하는 프리스타일 랩에서 지켜야 할 점은 무엇이 있을까? 우선 랩을 하는 시간이 있다. 배틀 랩에서는 30초, 45초, 1분 정도를 규칙으로 정해 그 시간 안에 랩을 쏟아내면 된다. 그저 놀이로 하는 싸이퍼에서는 랩을 해야 하는 정해진 시간은 없지만, 너무 오랜 시간 혼자서만 랩을 한다면 민폐일 수 있으니 적당한 선에서 순서를 넘겨주는 게 좋을 것이다. 랩 배틀에서 순서는 가위 바위 보나 동전을 던져서 공격과 방어를 정한다. 그리고 대회마다 다르지만 Ａ Ｂ Ａ Ｂ 혹은 Ａ Ｂ Ｂ Ａ 순서로 공격과 방어를 하는 편이다. 프리스타일 랩의 주제는 어떤 게 있을까? 무궁무진하다. 편한 친구 사이처럼 어떤 갈이든 스스럼없이 할 수 있어서 제약이 없는 프리스타일 랩의 매력을 경험할 수 있다. 하지만 많은 사람들이 함께하는 자리에서는 너무 심한 욕설이나 비방은 자제하는 게 좋다. 필자가 진행한 랩 배틀 대회에서는 욕설과 너무 심한 비방을 금지시키기도 했다. 더 많은 사람이 프리스타일 랩을 즐겼으면 했고. 자극적인 말로 관객 호응을 이끄는 것보다 재치 있는 표현으로 감탄을 터뜨리게 하는 것이 더 수준 높은 프리스타일 랩이라 생각했기 때문이다.

4. 배틀 랩을 준비하며

배틀 랩의 심사 기준은 어떤 게 있을까? 멋진 라임, 펀치라인, 재치, 비트에 맞는 플로우와 박자 감각, 전달력, 그 순간에 맞는 논리적인 표현과 내용, 자신의 색깔이 잘 드러나는 스타일 등은 플러스 요소이다. 상황과 관계없이 써 온 가사, 식상한 표현, 논리가 없는 비판, 상대 신체 접촉 등은 마이너스 요소이다. 대회 성격에 따라 다르겠지만, 욕설과 심한 신체 접촉은 실격 처리가 될 수도 있다. 욕을 사용하지 않아도 얼마든지 상대를 재치 있게 놀리며 디스할 수 있다. 쉽게 말해, 우리들의 부모님이나 어린 동생들도 함께 즐길 수 있는 문화를 만들기 위함이다. 랩 배틀 대회에서는 심사 기준과 관객의 호응도를 바탕으로 심사위원이 승자를 결정해서 발표한다. 경기 결과에 심사위원 혹은 주최자와의 친분 등은 심사 결과와 무관하다. 마이너스 요소라고 한 써 온 가사에 대해 좀 더 생각해 볼 필요가 있다. 완전한 즉흥과 초월을 경험하는 프리스타일이 퓨어하다고 할 수 있지만, 즉흥 역시 평소 기본 실력을 바탕으로 한다. 오직 프리스타일만으로 랩 실력을 쌓는 경우도 있지만, 랩 자체를 잘하려면 가사 쓰기는 필수이며 가장 우선시 되어야 한다. 그리고 과거에 썼던 라임이나 가사가 즉흥 랩 중에 나오는 것은 당연한 일이며 적절하게 잘 섞어 쓰면 그 또한 실력이다. 또한 랩 배틀은 상대를 이기는 게 목적이지만 관객의 입장에서는 일종의 퍼포먼스이자 공연이라 할 수 있다. 그러니 그 수준이 높아야 보는 이도 재미가 있다. 대전 상대를 정해서 그 경기만을 위해 모든 라임을 적어서 외우고 준비하는 배틀도 있고 정말 즉석에서 배틀이 이뤄져서 퓨어로만 붙는 배틀도 있다. 퓨어함이 기준이 된다면 적어온 가사 자체가 부정이지만, 랩 수준 자체가 기준이 된다면 준비해 온 펀치라인을 상황에 맞춰 잘 터뜨리는 래퍼가 인정받기도 한다. 그러니 모든 경우를 열어두고 랩 배틀을 준비하기 바란다.

프리스타일 놀이

지금 소개하는 방법들은 필자가 프리스타일 랩 연습을 하며 창안한 방법들이다. 놀이를 하는 방법과 장점 등에 대해 소개하겠다.

1. 라임 캐치 놀이

단어를 하나 던지고 순간적으로 그 단어와 라임을 이루는 단어 2~3개 이상을 찾아서 랩을 만드는 놀이이다. 예를 들면 누군가 '스피커'

라는 단어를 던지면 '스피커'와 라임이 되는 '스티커', '스토커', '띠꺼워', '스미골' 등의 단어로 랩을 짓는 것이다. 라임 캐치는 문장의 내용이나 수준보다 우선 라임을 꾸미는 말을 짓는 것에 집중한다. 물론 내용의 수준이 높고 펀치라인까지 된다면 더할 나위 없이 좋겠지만 우선은 라임에만 집중해 보자. '스피커'와 라임이 되는 단어들로 프리스타일 랩을 한다면 다음과 같이 할 수 있다.

라임 캐치 놀이는 순간적으로 라임을 캐치하는 능력을 키워준다. 반대로 말하면 평소에 습관처럼 라임을 캐치하는 훈련을 하면 좋다. 처음부터 라임 캐치를 해서 랩을 만드는 것은 어려울 수 있다. 그러니 우선 라임 찾기를 자주 하고 그 라임을 하나씩 활용하는 훈련을 하면 된다. 그리고 여러 단어로 라임 캐치하여 프리스타일을 해 본 후에 복습하듯이 다시 처음부터 되뇌어 보는 것도 좋다. 똑같은 말이나 표현으로 뱉더라도 우선 요령을 익히고 익숙해지는 것이 중요하다. 아까 했던 표현이다, 예전에 썼던 라임이다, 하는 것에 마음 쓸 필요는 없다. 프리스타일은 매순간 새로운 것이기는 하지만, 평소 실력과 연습을 바탕으로 한 즉흥 창작이기도 하다.

2. 마디 이어가기 놀이

이 놀이는 마디를 정하면 그 마디만큼만 랩을 하고 그다음은 다른 사람이 계속 이어가는 놀이이다. 2명이서 주고받으면 좀 더 효과적이지만 그 이상이어도 괜찮다. 1마디든 2마디든 상관없지만 너무 짧을 수 있으니 4마디 정도 주고받는 것으로 시작해서 8마디, 16마디 정도까지 늘려가면 된다. 마디 수를 정해 놓으면 박자를 세는 연습도 되고, 몇 마디만큼 랩을 할지 조절하는 훈련도 된다. 또 상대방과 캐치 랩을 하는 훈련도 할 수 있어서 랩을 주고받는 재미에 빠질 수 있다.

3. 이야기 이어가기

앞 사람의 랩 내용을 듣고 그 내용을 본인의 이야기인 것처럼 다시 이어서 그 주제로 랩을 하는 것이다. 프리스타일 랩은 그 순간에 집중해서 그 상황을 바로바로 캐치하는 순발력이 필요하다. 이야기 이어가기는 2~3명 이상의 사람이 둘러선 채로 이야기를 만들어 랩을 하다가 한 사람이 어느 정도 하면 다음 사람이 앞 사람의 내용을 이어가는 식으로 랩을 하는 방법이다. 이야기의 주제는 자유롭다. '나는 로또가 당첨돼서 은행으로 향했지' 같은 상상 이야기를 주로 지어내는 편이다. '근데 갑

자기 강도가 들었지', '그 돈으로 주식에 투자했는데 또 대박이 났지' '소식을 듣고 친구와 친척이 매일 연락했지' 등 어떤 내용이든 이어갈 수 있다. 마디 이어가기와 결합해서 응용하면 정한 마디 수 안에서 이야기를 이어가도 된다. 계속 하다 보면 창의력을 높여주고 각자의 상상력을 재미있게 풀어낼 수 있을 것이다.

4. 주제 캐치하기

주제를 캐치하는 랩은 그 주제에 대한 생각이나 경험을 랩으로 풀어내는 것이다. 처음 시작할 때 주제 캐치하기는 '자기소개하기'나 '오늘 있었던 일 이야기하기' 정도도 좋다. 주제를 던져주는 놀이는 주제의 내용에 따라 2가지 정도로 나눌 수 있다. 간단한 단어 주제를 던져 주는 것과 조금 더 긴 상황 주제를 던져 주는 것이다. 단어 주제는 '계절', '음악', '친구' 같은 단어들이고, 상황 주제는 '늦은 밤 택시를 탔는데 내릴 때쯤 지갑을 보니 돈이 없다.' 이런 식의 상황에 조금 더 구체적인 내용을 던지는 것이다. 일상적인 현실 또는 상상력을 발휘해야 하는 상황들을 던질 수 있다. 단어 주제 캐치는 그 주제에 대해 어느 정도 랩을 하면 또 다른 주제를 중간에 던져서 순발력을 시험해 볼 수도 있다. 이야기 이어가기와는 달리 혼자서 랩을 한다는 차이가 있지만, 두 가지를 결합해서 응용할 수도 있다. 재치와 창의력을 높여 주는 주제 캐치 놀이는 사람마다 주제를 보는 시야가 다양하다는 것이 재밌는 점이다.

5. 랩으로 대화하기

랩으로 대화를 할 수도 있다. 음악의 힘을 빌려 오히려 더 솔직히 터놓고 서로에게 이야기할 수 있다. 비트 위에서 할 수도 있지만 비트 없이도 할 수 있다. 랩이 생소한 사람들에게는 다소 어색할 수 있으니 함께 음악을 하는 친구나 랩을 하는 사람과 같이 하는 게 좋다. 평소에 못하던 이야기를 더욱 솔직하게 할 수 있다. 술을 마시며 진솔한 이야기를 하는 것처럼 속내를 털어놓아서 더 가까워지는 경우가 있다. 이 역시 프리스타일 랩으로도 가능하다.

6. 감정 풀어내기

프리스타일 랩의 주제를 감정으로 정하는 것이다. '감사한 일', '최근에 힘든 일', '사랑하는 마음 전하기', '용서하기' 등으로 정할 수 있다. 음악과 랩으로 나의 감정을 표현하는 경험을 통해 치유의 효과를 얻을 수도 있다. 리듬을 타며 즐겁게 감정을 다독이면 심적으로 이완이 되고 힐링이 된다.

'감사', '용서', '상처', '분노', '짜증', '욕설', '비판', '공감', '연민', '하고 싶은 말', '듣고 싶은 말' 등을 주제로 랩을 해 보기를 권한다. 단, 함께 프리스타일 랩을 하는 상대방이 마음을 터놓을 수 있을 정도로 유대감이 형성된 사람이어야 한다. 또 반대로 본인의 마음이 잘 열리지 않는다면 혼자 프리스타일 랩을 해도 된다.

7. 다양한 비트에 프리스타일 랩 하기

래퍼마다 본인이 좋아하는 비트의 성향이 다양하다. 누군가는 붐뱁이, 다른 누군가는 트랩이 편할 수 있다. 하지만 본인이 편한 비트에만 랩을 하면 다른 리듬감을 키우기 어렵다. 프리스타일 랩을 할 때 본인에게 쉬운 비트가 7개라면, 어려운 비트도 3개 정도 시도해 보기 바란다. 오히려 프리스타일 랩을 통해 더욱 쉽고 재밌게 다양한 리듬감을 익힐 수 있을 것이다.

8. 무반주 프리스타일 랩

비트 없이 무반주로 프리스타일을 해 본 적은 있는가? 어색해서 많은 분들이 쉽게 시도해 보지 않았으리라 생각한다. 하지만 무반주로 랩을 하면 전달력이 올라가고 랩 그 자체에만 더욱 집중할 수 있다는 장점이 있다. 비트가 없는 평소에도 할 수 있으며 그 한계가 없다. 또한 발음과 랩의 음성 그 자체를 더욱 갈고 닦을 수 있다. 하지만 무반주로 하더라도 박자감은 최대한 지키면서 랩을 하길 권한다.

9. 머릿속 생각으로만 가사 쓰기

펜과 종이 없이 랩 가사를 써 본 적이 있는가? 터무니없는 말처럼 들리겠지만 하루 종일 랩에 집중하며 사는 래퍼에게는 충분히 가능한 일이다. 다만 그 요령이 필요할 뿐이다. 머릿속 생각만으로 가사를 쓴다는 것은 프리스타일 랩과 가사 쓰기의 중간쯤에 위치한 방법이다. 가사를 쓴다는 것은 비트의 박자에 맞는 글을 쓰는 것이다. 종이와 펜이 있다면 지금까지 《누구나 랩》에서 이야기한 킥과 스네어 표시도 할 수 있고 언제든 꺼내서 볼 수 있다. 하지만 머릿속 생각으로만 가사 쓰기는 온전히 생각으로만 박자감을 기억해야 한다. 처음부터 긴 마디를 쓰기는 힘들테니 2마디부터 시작해서 차차 4마디, 8마디, 12마디, 16마디로 늘려가기 바란다. 그 후 완성이 되면 바로 녹음을 하거나 라임 노트에 옮겨 적으면 된다. 머릿속 생각으로만 가사 쓰기는 랩 가사를 쓰는 순간에 더욱 집중하게 만들고, 뇌의 회로가 랩을 쓰는 데 더욱 익숙하게 만든다.

10. 배틀 랩

굳이 설명을 하지 않아도 알 수 있는 가장 대표적인 프리스타일 랩 놀이이다. 서로의 랩 스킬을 겨루고 각자의 재치로 펀치를 날리는 배틀이다. 끝나고 난 후에는 악수와 포옹으로 서로에 대한 리스펙트를 표하는 것이 좋다. 나태해지지 않을 정도의 긴장감을 가질 수 있고, 자신의 실력을 좀 더 *끄집어* 내주는 놀이가 될 것이다. 서로를 디스하거나 놀리다 보면 다른 놀이보다 더 자극적인 재미를 준다. 서로 편한 사이에서는 얼마든지 이뤄질 수 있지만 랩 배틀은 싸움에 가깝기에 함부로 권하거나 배틀을 붙이는 것은 하지 않는 것이 좋다. 서로가 합의된 상황이나 공식적인 랩 배틀 대회에서 하는 것이 가장 좋다.

11. 프리스타일 랩 놀이 응용

모든 놀이는 결합이 되고 응용할 수 있다. 단어 주제 던져 주기와 마디 정하기, 라임 캐치와 마디 정하기, 이야기 이어가기와 마디 정하기, 2 : 2(혹은 다수 : 다수) 팀 배틀(같은 팀이 랩을 할 때 캐치 랩을 하거나 더블링 등으로 랩을 거들 수 있고 같은 팀원에게 배턴을 터치할 수 있다. 한국에서 아직 제대로 시도된 적은 없지만, 외국 랩 배틀 대회에서는 이미 오래 전부터 진행했다.), 라임 이어가기 놀이(앞 사람이 끝냈던 라임으로 랩을 이어가는 것이다. 꼭 라임이 아니라도 마지막 문장 혹은 어떤 특정한 단어를 캐치하면 된다. 현장감과 즉흥성을 살릴 수 있다.), 칭찬 배틀(디스의 반대로 리스펙트를 표현할 수 있다. 랩 배틀 콘텐츠 박서에서 시도했으면 리스펙트를 포함해 칭찬인 듯 비꼬는 배틀 랩으로 활용하기도 했다.) 등의 놀이를 응용해서 다양한 프리스타일 랩을 할 수 있다.[117]

---

117 여기서 배틀의 개념은 디스만이 아닌 모든 프리스타일 놀이를 포함한다. 각 놀이에서 상대를 정해놓고 승부를 가린다는 의미에서 배틀이란 단어를 썼다.

프리스타일 랩을 잘하는 방법

다양한 프리스타일 놀이를 바탕으로 열심히 연습하고, 특히 라임을 캐치하고 말을 만드는 훈련을 습관화하면 좋다. '후회하지 않기와 후회하기'도 도움이 된다. 무슨 말이냐 하면 프리스타일 랩은 순간에 흐름을 이어받고 아주 빠른 속도로 흘러가기에 잠깐 실수를 하거나 라임, 플로우, 메시지 중 아쉬운 부분이 있어도 후회하지 말고 넘겨야 한다는 말이다. 다만 시간이 흐른 후에 혼자서 연습을 할 대 그 순간을 떠올리며 (바둑을 둔 후에 복기하면서 더 좋은 수를 찾아브듯이) 그때 놓쳤던 라임, 플로우, 메시지를 수정 보완하는 습관을 들이면 좋다.

배틀에서는 '졌다고 낙심하지 말 것, 이겼다고 교만해지지 말 것'을 강조하고 싶다. 한 번 배틀에서 이겼다고 해도 다음 흐름은 어찌 될지 모른다. 인생 역시 마찬가지이다. 그저 꾸준히 성실하게 나아가는 것이 최선이라 하겠다. 놀이로 생각할 땐 '프리스타일 랩은 잘하는 게 대단한 것이다. 못하는 게 당연하다'라는 마음으로 편하게 접근하면 좋다. 실력보다는 재미에 집중해서 놀이를 하듯이 프리스타일 랩을 대하면 자신감이 붙고 익숙해지면서 어느새 실력이 향상된 것을 느낄 수 있을 것이다.

1. 프리스타일의 장점

프리스타일 랩의 장점을 살펴보자. 프리스타일은 자신의 생각과 감정을 자유롭게 솔직하게 내뱉는다. 다양한 감정을 자유롭게 거침없이 표현할 수 있다. 못 해 본 스타일의 랩을 시도할 수 있다. 가사로 쓰기 전에 해 볼 수 있다. 또 프리스타일로 했던 랩이 생각보다 너무 좋아서 가사로 활용되기도 한다. 목을 풀 수 있고, 랩의 기초적인 연습이 된다. 써뒀던 짧은 가사나 라임을 랩으로 활용해 볼 수 있다. 자연스럽게 박자 감각을 기를 수 있다. 랩에 좀 더 익숙해진다. 동네에서 친구들과 놀듯이 프리스타일 랩을 한다면 힙합이나 랩을 삶 속에서 흡수하게 된다.

누구나 랩

2. 프리스타일 랩의 단점

단점에 대해서도 알아보자. 이미 프리스타일에 대해 설명하면서 말한 것처럼 가사를 쓰는 것에 약해질 수 있다. 가사에 비해 깊이 있는 시도를 하기가 어려워 얕은 수준의 랩이 나올 수 있다. 또 엄청나게 좋은 랩이 나왔더라도 금세 흘러가 버려 기억하지 못할 수도 있다. 그럴 때는 녹음이나 메모를 활용하면 보완이 된다. 제대로 된 랩을 하는 래퍼가 되려면 가사 쓰기가 본인 실력의 기반이 되어야 한다. 또 랩 배틀을 통해 교류를 하고 실력을 쌓을 수도 있지만, 반대로 오해가 생기거나 싸움으로 이어질 수도 있다. 또 음악을 즐기기보다 경쟁에만 치우쳐 자신을 너무 몰아붙이게 될 수도 있다. 하지만 프리스타일 랩 배틀은 힙합에서 자신의 용기를 시험해 볼 수 있는 가장 가치 있는 게임이다. 재미있고 생산적인 게임으로 이 문화가 자리 잡히기를 바란다.

3. 프리스타일 랩 배틀을 준비하는 래퍼들에게

여러분은 전쟁터에 뛰어든 것이다. 상대를 이기지 못하면 죽는다는 정도의 각오로 임해야 한다. 패배라는 생각만으로도 고통스러운 경련이 일어나야 한다. 단순하게 경험을 쌓기 위해 참가한다는 생각보다는 무언가 한 가지라도 꼭 챙겨가겠다는 목표를 세워야 한다. 그 목표가 우승을 통한 자신의 증명이 되기를 바란다. 그러므로 평소에 꾸준하게 연습을 해야 한다. 제작진이 열심히 대회를 만들어도 참가자들의 배틀이 재미가 없다면 이 판은 오래갈 수 없다. 여러분이 그런 책임감까지 짊어질 필요는 없지만, 프리스타일 랩 문화가 더욱 성장하기 위해서는 참가하는 래퍼들의 높은 실력이 절대적으로 필요하다.

상대를 인정하고 존중해야 한다. 상대도 당신과 마찬가지로 고민하며 배틀에 출전한 선수이다. 그리고 대부분의 래퍼들은 누가 말하지 않아도 배틀 후에 알아서 서로 친해진다. 몇몇 사람들은 격렬한 욕을 주고받던 선수들이 게임이 끝났다고 어떻게 서로를 용서할 수 있는지 의아해한다. 하지만 여기서 그 몇몇 분들이 모르는 것이 있다. 선수들은 서로를 용서하지 않는다. 왜냐하면 아무것도 용서할게 없기 때문이다. 랩 배틀 중 내뱉었던 그 라임들은 단지 정당히 겨루는 행위이다. 선수들의 적대적인 행동은 그저 게임의 일부일 뿐이다. 일단 게임이 끝나고 나면 더 이상 적이란 존재하지 않는다. 그리고 게임을 통해 상대편과 친구가 되는 법을 알아야 한다. 랩 배틀은 (자신의 자존심을 거는 의미 깊은 게임이지만) 게임일 뿐이기에 적이었던 상대가 친구가 될 수도 있다. 상대편을 친구로 만들지 못하는 사람이라면 그에겐 적만이 가득한 게임이 될 것이다.

랩 배틀의 목적은 가장 단순하게 말하자면 우선 상대편을 이기는 것이다. 공격적으로 행동하는 것이 상대편을 이기는 데 도움이 된다면 공격적인 행동도 타당한 행위일 수 있다. 게임에서 이기기 위해서니까. 하지만 게임에서 당신의 상대편에게 치명적이고 인격적인 모욕을 가해서는 안 된다는 것을 항상 명심해야 한다. 랩 배틀은 주먹이 아닌 언어를 주고받고 싸우는 것이기에 지켜야 할 규칙이 있다. 물론 자신의 분노를 담은 디스곡을 발표하거나 큰 싸움으로 번지는 배틀도 있지만, 그 모든 '랩 배틀' 역시 '평화와 사랑' 안에서 즐거운 '게임'으로 끝맺기 바란다. 진부하거나 너무 심한 욕설은 하지 않았으면 한다.

리튼 프리스타일은 평소에 써둔 라임들을 이용하는 것이라 순수한 프리스타일은 아니지만 프리스타일과 함께 섞어서 잘 활용하면 실력을 향상시키는 데 매우 도움이 된다. 프리스타일 랩 배틀 또한 준비해야 한다. 사진이라도 보고 상대를 파악해야 하며 섀도 복싱처럼 이미지 트레이닝을 하는 것도 도움이 된다. 상대의 정보를 알 수 없다면 먼저 자기 자신을 돌아보면 된다. 상대가 나에 대해 공격할 부분이 어떤 것이 있을까 파악해서 미리 방어책을 마련하고 상대를 공격할 재치 있는 표현이나 펀치라인을 구상해두면 좋다. 이렇게 하면 무조건 이길 수 있을까? 미리 생각해 두면 프리스타일이 아니니까 나쁜 짓일까? 아니다. **결국 대회에서 배틀로 붙어 이기는 사람은 준비도 준비지만 순간을 잡아내는 프리스타일 자체를 잘하는 사람이다.** 그러니 랩 배틀은 연습을 바탕으로 하되 순수한 프리스타일 능력이 더 중요하다는 것을 자연스레 알게 될 것이다.

다시 한 번 말하지만 진부한 표현과 너무 심한 욕설, 대중이 듣기에 인상을 찡그리게 하는 더러운 표현은 자제하자. 프리스타일 랩 배틀 문화가 성장하려면 방송에서도 진행될 수 있어야 한다. 이 말은 대중과 함께할 수 있는 문화가 되어야 한다는 말이다. 고칠 것은 고치고, 비판하며 발전시켜 나가길 바란다. (개인적으로도 과거 배틀에서 뱉었던 부끄러운 표현과 욕설이 많은데 그것을 그대로 답습하지 않고, 깨 부셔 나가기 바란다.) 무대에서는 래퍼만큼 대회와 문화를 보는 사람의 인식 또한 좋아야 한다.

옷차림이나 보여주는 면에도 신경을 써야 한다. 쉽게 말해 멋있어야 한다. 랩 배틀은 퍼포먼스적인 요소도 중요하다. 상대에게 직접적인 영향을 주지 않는 범위 내에서는 (침을 뱉거나, 상대방의 몸을 터치하는 등의 행위는 안 된다.) 전화 받는 척을 하든, 소품을 이용하든 관객이 보기에 흥미를 유발시켜 이 문화에 대한 관심을 높였으면 한다. 그리고 그런 퍼포먼스를 순간적으로 캐치해서 공격하는 것도 선수의 능력이다. 관객을 함께 이길 수 있어야 하고, 자기편으로 만들 수 있어야 한다. 배틀을 잘하는 선수들이 (상대방이 아니라) 관객을 보면서 랩을 하는 것은 다 이유가 있다. 이것도 하나의 공연이며 상대방이나 심사위원에게 강한 인상을 심는 것이니 관객의 웃음이나 환호성을 유발하는 것도 아주 중요하다. 관객을 자신의 편으로 만들면 상대를 이길 수 있다. 아무리 기본 실력이 뛰어난 선수도 상대방의 재치 있는 펀치라인 한 방과 관객의 호응으로 패할 때가 있다. 프리스타일 랩 배틀은 기본 실력으로 이기는 것이 아니다. 상대보다 라임이나 박자감이 뛰어나도 패할 수 있다. 절대 승자가 없기에 더욱 프리스타일이라 부를 수 있는 것이다.

　마지막으로 다시 한 번 강조하자면 모두에 대한 존중이 필수이다. 선수와 관객 그리고 챔피언과 주최 측에 대한 존경심이 있어야 한다. 한 대회의 우승이라 할지라도 예측할 수 없는 수많은 순간을 뚫고 모든 상대를 이겨낸 챔피언은 존경받아야 마땅하다. 그는 정말 대단한 일을 해낸 것이다. 또 그 챔피언이란 이름을 내려놓고 재도전하는 MC가 있다면, 그 다음 결과에 상관없이 그는 정말 프리스타일을 즐기고 있는 것이며 이미 자신을 이겨낸 승자이다. 프리스타일 랩 씬을 만들고 진행하는 것은 신나는 일이지만 결코 만만한 일이 아니다. 이 자리를 빌려 그 모두의 노고에 박수를 보낸다. 배틀에 참가해 본 적이 있는 사람은 알 것이다. 배틀이야말로 진짜배기 프리스타일이다. 당신이 바로 진짜다.

4. 랩 배틀 : 무서운 적, 위대한 스승

　2005년 5월경으로 기억한다. hiphcpplaya.com의 여기저기를 둘러보다 무심코 눈이 가게 된 작은 배너 광고에 숨이 멎을 듯 두근거렸다. '2005 Miller Groove Day Freestyle Rap Battle, 우승 시 천만 원 상당의 미국 여행.' 그리고 더 긴 설명이 있었지만 사실 두 문장만이 강렬하게 머릿속을 맴돌았다. '프리스타일 랩 배틀! 천만 원!'

그 당시 나는 앞으로도 계속 랩을 하려면 분명 이 시기에 무언가를 더 이루어 놓아야만 한다는 강박관념이 있었다. 나름대로 열심히 활동했다고 자부하지만 남들의 눈에는 커리어도 없는 초짜에 촌놈일 뿐이었다. 프리스타일만큼은 누구보다 자신이 있었던 나에게 이 프리스타일 랩 배틀 대회는 나를 증명할 수 있는 절호의 기회였다. 하지만 바보처럼 그만큼 난 배틀을 너무 쉽게 생각했다.

6월 달 예선 하루 전까지도 아무런 준비도 하지 않은 채 시간만 허비했고, 예선 경기가 열리는 홍대 클럽에도 그저 놀러가는 기분으로 찾아갔다. 번호표를 뽑고 대기를 할 때쯤에야 서서히 긴장되기 시작했지만 자만심은 여전했다. 두 경기를 이겼고, 다른 선수들의 경기를 지켜보며 쉽게 우승하겠는데, 라는 어이없는 생각까지 서슴없이 하게 되었다. 나와 경기를 치르고 진 한 선수가 뒤에서 '저 새끼가 왜 이긴 거야. 라임도 없는데' 라는 식의 말을 하는 게 들렸다. ─ 랩 배틀을 하고 거의 모든 선수들과 친해졌지만 가끔 그렇게 서로를 인정하지 못해서 뒤끝이 남는 경우도 있었다. ─ 어쨌든 나는 이겼고, 4강까지 올랐다. 그 때 만난 래퍼가 바로 드래곤 에이티이다. 빡빡머리에 두건을 맨 옷 스타일서부터 풍기는 이미지까지 삶 자체가 힙합처럼 보였다.

드래곤 에이티는 호스트 MC의 인터뷰에 짧게 대답했지만 남다른 각오나 포부가 엿보였고, 강원도의 어느 공장에서 일을 한다는 말에 영화

〈8 Mile〉의 B-래빗(에미넴)이 떠올랐다. 지금 생각해보니 시작도 하기 전에 진 것 같다. 그 때 나는 랩 배틀에 심장이 두근거리긴 했지단, 확실한 목표나 각오가 없었다. 배틀은 싸움이다. 이미 기에서부터 눌렸으니 랩이라고 제대로 나올 리가 없었다. 일단 성량이 좋은 드래곤 에이티는 흔히 말해 땜뻥이 엄청났다. 그리고 배틀에 걸맞게 매섭게 공격을 했으며 랩 자체가 나와는 수준이 달랐다. 30초 동안 나태한 마음가짐에 대해 혼이 나는 기분이었다. 그래서 드래곤 에이티가 랩을 하는 동안 앞으로 다가가 어설픈 몸과 눈빛으로 위압감을 주려 했다. 이미 랩으로는 지고 있다는 것을 느껴 발악을 한 것이다. 내 차례가 되어서는 공격도 제대로 못하고 말도 안 되는 억지 라임으로 횡설수설했다. 결과 발표. 승자는 드래곤 에이티.

응원을 하러 와준 친구들은 위로하며 아쉽게 됐다고 기분도 풀 겸 놀다가 갈 것을 권했지만 차마 그럴 수가 없었다. 집으로 돌아가서도 멍하니 계속해 비틀거렸다. 비참하고 분해서 아무것도 할 수가 없었다. 또 그만큼 수치심과 굴욕감이 커서 랩을 포기해야 할지 고민했다. 어설프게 할 거면 시작도 하지 말았어야 했다. 더 이상 이렇게 살아선 안 된다는 생각에 재기를 꿈꿨다. 대회는 6월, 7월, 8월 예선을 거쳐 9월 본선 무대에 오르는 방식이었으므로 아직 기회는 있었다. 한 번 더 무대로 올라가 죽여 버리고 싶었다. 물론 랩으로.

다시 배틀에 도전하기로 마음먹은 순간부터는 랩과 관련된 일 외에는 다른 것을 할 수가 없었다. 만화책을 보면 진다, 야동을 보면 진다, 술 마시면 진다, 쓸 데 없는 짓 하면 진다, 자기관리와 운동을 안 하면 진다, 랩 연습 안 하면 진다, 책을 안 읽으면 진다, 가사를 안 쓰면 진다, 카피 연습을 안 하면 진다, 잠을 많이 자면 진다 등의 강박이 떠나지가 않았다. 허튼 짓이라도 할라치면 드래곤 에이티라는 무서운 적이 떠올라 절대 쉴 수가 없었고, 어떤 면에서 그는 나를 훈련하게 만드는 스승이 되었다. 드래곤 에이티와의 경기를 통해 배틀이란 무엇인가에 대해 확실히 배운 것이다. 아침에 모닝 랩, 점심에 애프터눈 랩, 자기 전에 굿나잇 랩. 틈틈이. 무조건! 랩. 랩. 랩. 덕분에 나름의 배틀 스타일을 잡았고, 현재 강의나 세미나 때 사람들에게 알려주는 프리스타일 랩 놀이를 완성하는 계기도 되었다. 사물이나 사람을 보면서 그 순간의 상황에 맞는 랩을 하려 노력했으며, 특히 라임 캐치를 많이 활용했다. 누군가의 말을 듣고 그 중에 나온 단어를 가지고 랩을 지어 보는 것이다. 또 나를 돌아보는 시간을 많이 가졌다. 내가 가진 약점과 나에게 들어올 공격을 예상해 보았다. 그리고 무조건 내가 최고라는 마인드 콘트롤을 했다. 프리스타일 랩 배틀은 한순간의 흐름만으로도 승패가 좌우된다. 상대방이 아무리 랩을 잘해도 그 기세를 꺾을 한 방을 준비하려면 그만한 담력이 있어야 하고, 내가 불리하다고 여겨져도 티를 내서는 안 된다. 상대가 한 공격이 좋았더라도 아무렇지 않은 척, 내가 더 잘한다는 것을 증명하면 되는 것이다. 6월 예선에선 무지렁이처럼 단순한 흥미와 자만심으로 출전했

누구나 랩

지만 이때부터 나는 체계적으로 훈련을 했다. 스스로 세운 계획을 지키고, 다양한 방법들로 랩을 익혀 나갔다.

당시 나는 연습실이 없었기에 건물 옥상에서, 길거리에서, 새벽에 공원에서, 근처 공설 운동장 관람석에서 인적이 뜸한 곳이면 어디든 중얼거렸다. 그러다 보니 가끔 사람들의 눈치를 받기도 했지만 그렇게라도 안 하면 지는 것이었다. 심지어 비가 오는 날에도 길거리에서 우산을 받쳐 들고 연습을 했는데 오히려 사람이 없어 편하기도 했다. 그렇게 한 달이 지나 7월 예선에 다시 한 번 참가했다. 이번엔 각오가 확실했다. '상대를 죽이지 못하면 내가 죽는다.' 그리고 결선에 출전해서 반드시 우승해야만 한다. 이번이 마지막이다. 경험상 패배하는 배틀은 한 번이면 족했다. 프리스타일 랩 배틀은 '전쟁'인 것이다.

운이 좋았던지 노력한 만큼의 성과였던지 7월 예선에선 우승을 차지했다. 분명 실력도 향상되어 있었다. 하지만 그리 큰 기쁨을 내색하지 않았다. 이제 겨우 결선에 참가할 티켓을 얻은 것뿐 그 이상도 그 이하도 아니었다. 다음 날도 지체 없이 연습을 반복했다. 이번에도 역시 드래곤 에이티가 노려보고 있었다. 그깟 예선 우승한 걸로 웃기지 마라. 또다시 랩! 랩! 랩! 이었다. 그 때 얼마나 격정적으로 연습을 했던지 치아가 다 아플 정도였고, 입 안에 큰 염증이 생겨 9월 본선을 며칠 앞두고는 억지로 연습을 쉴 수밖에 없는 상황이었다. 하지만 마음은 흔들리지 않았고, 끝까지 최선을 다했다.

9월 장충 체육관에서 열린 결선에 8명의 선수가 모두 모였다. 드래곤 에이티는 신경 쓰지 않았겠지만 나는 그와 다시 승부를 겨룰 생각에 두려움과 설렘으로 만감이 교차했다. 이번에도 지면 어떻게 하지. 이겨주겠다. 무섭다. 붙어 보자. 대진표를 짜고 보니 나와 드래곤 에이티가 붙으려면 서로가 결승까지 가야 했다. 좋다. 최고의 무대 최고의 자리에서 다시 갚아주겠다, 라고 다짐하며 대회가 시작되기 10분 전까지도 혼자 밖으로 나가 계속 랩을 내뱉었다. 또 나는 나를 최대한 감추고 싶었다. 그래서 참가 선수들이 모이는 리허설 때 입었던 옷 대신 급하게 다른 옷으로 갈아입고 본선 무대에 올랐다. 상대방이 나를 공격할 소스를 조금이라도 노출하지 않기 위해서였다. 반대로 상대방의 이름과 옷 등을 유심히 살폈고, 대기실에서 선수들끼리 싸이퍼를 할 때 상대방의 랩 중에서 나온 라임을 캐치하며 받아치는 연습을 했다.

하지만 나와 드래곤 에이티는 결국 붙지 못했다. 준결승에서 주세준 형이 드래곤 에이티를 이겼고, 결승은 나와 주세준 형의 무대였다. 비록 복수의 칼을 갈았던 드래곤 에이티는 아니었지만 상대가 누구든 '술제이'는 준비되어 있었고, 덤덤히 승부를 받아들였다. 운이 좋았던지 결국 우승까지 차지했다.[118] 프리스타일 랩 배틀은 순간의 승부이기에 그 날 그 순간 나에게 조금 더 운과 흐름이 찾아 왔을 뿐이라는 것을 잘 알고 있다. 졌다고 낙심할 필요가 없으며 이겼다고 해서 교만해져선 안 된다.

6월 달 경기에서 나를 이긴 드래곤 에이티는 패배의 충격인지 경기가 끝난 후에도 침통해 있었다. 그리고 나는 그에게 다가가 처음으로 랩이 아닌 말로써 속마음을 전했다. 그 때 날 이겨줘서 어떤 면에선 정말 고마웠고, 그 때부터 '너는 가장 큰 적이자 마음속에 더 큰 자신을 깨울 수 있게 해준 스승이었다' 라고.

---

118 술제이 – Freestyle Rap Battle Champ (랩배틀 우승) 유튜브 영상 https://www.youtube.com/watch?v=2sl36Qt1OuY

5부

랩의 또 다른 요소들

호흡과 발성

1. 복식 호흡을 익히자

호흡은 생명을 유지하는 가장 중요한 행위이자, 발성의 기초이다. 깊게 호흡을 들이쉬는 것은 건강에도 좋고, 안정된 발성에도 도움이 된다. 발성 연습에서 호흡은 복식 호흡을 기본으로 한다. 복식 호흡은 횡경막을 이용하는 호흡법으로 쉽게 설명해서 들이쉴

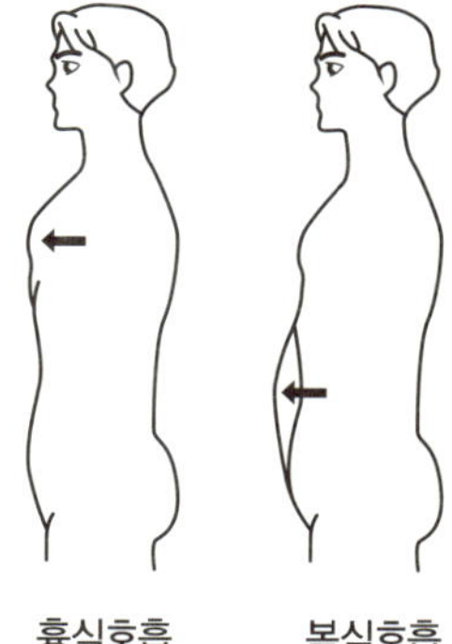

때 배가 나오고, 내쉴 때는 배가 들어가는 것이다. 배를 공기의 창고라고 생각했을 때 숨을 들이쉬면서 공기를 가져오면 배가 부풀고, 숨을 내뱉어서 써 버리면 다시 배가 들어가는 것이다. 어린 시절에는 자연스럽게 복식 호흡을 한다. 하지만 나이가 점점 들어감에 따라 숨이 위로 차오르며, 흉식 호흡으로 변해간다. 지금 숨을 한 번 깊게 들이쉬고 내뱉어 보자. 혹시 숨을 들이쉴 때 가슴이 부풀면서 어깨가 들리고, 배가 들어가는가? 혹은 가슴과 어깨는 가만히 있고, 배와 옆구리, 등까지 부풀어 오르는가? 전자의 경우 흉식 호흡이고 후자의 경우 복식 호흡을 하고 있는 것이다. 복식 호흡을 하고 있다면 본인의 호흡이 어디까지 들어가는지 살펴보고 점차 깊게 호흡을 내려 보기 바란다. 만약 흉식 호흡을 하고 있다면 복식 호흡을 시도해 보자. 처음엔 조금 어색할 수 있지만 차차 익숙해질 것이다. 우선 배를 이용한 복식 호흡의 요령을 익혀 보자. 간단하다. 호흡과 무관하게 배를 바깥으로 밀고 안으로 당기기를 반복하는 것이다. 그 후 호흡과 함께 코로 숨을 들이쉬면서 배를 바깥으로 밀고, 입으로 숨을 내뱉으면서 배를 안으로 당기면 된다. 어느 정도 익숙해지면 호흡이 깊어지고, 호흡만으로 숨이 배를 채워서 자연스레 배, 옆구리, 등까지 부풀어 오르게 된다. 호흡을 잘한다고 발성이 되는 것은 아니지만 가장 기본 중에 기본이라 할 수 있으니 복식 호흡을 익혀 생활하도록 하자. 배가 나오는 모습 때문에 가끔 꺼려 하는 분도 계신다. 하지만 복식 호흡은 우리 몸에 있는 불필요한 지방을 연소시켜 다이어트에도 좋은 효과를 준다. 또한 심신을 안정시키고, 폐활량을 늘

누구나 랩

릴 수 있다.

　발성에 대해 살펴보기 전에 다시 한 번 복식 호흡법부터 체크하자. 한 손은 가슴에 대고, 다른 한 손은 옆구리를 잡는다. 복식 호흡으로 코로 숨을 들이쉬고, 입으로 호흡을 내뱉고 2~3초 정도 멈췄다가 다시 숨을 들이쉰다. 다시 코로 숨을 들이쉴 때 가슴은 들리지 않고, 배와 옆구리 등이 부풀어 오르게 들이쉰다. 숨을 들이쉴 때 코로 숨을 들이쉬면, 호흡을 천천히 깊게 할 수 있고 목이 건조해지는 것을 막을 수 있다. 다만 실전에서는 코로만 숨을 들이쉬기엔 주어진 시간이 짧을 때가 많다. 그래서 입과 코로 함께 숨을 들이쉬는 것이 보다 효과적이다. 순간적으로 하품을 하듯 입을 열고 호흡을 들이쉬면 후두를 내리는 데 도움이 된다. 입과 코로 숨을 들이쉴 때 가슴과 어깨에 긴장이 들어가지 않도록 유의한다. 빠르게 한 번에 배와 옆구리, 그리그 등에 숨이 들어갈 수 있도록 해야 한다. 우선은 호흡의 길이 생길 수 있게 코로 천천히 깊게 들이쉬고, 입으로 내뱉는 연습을 해도 좋다. 복식호흡을 익힌 후에는 발성 연습을 해야 한다. 발성만으로도 한 권의 책이 나올 수 있을 정도로 그 내용이 방대하고 알아야 할 내용도 너무나 많다. 그렇기엔 이번 장에서는 발성의 기본이 될 수 있는 훈련법을 소개하려 한다.

0. 스트레칭을 통해 몸을 이완시키는 것이 좋다. 자세 또한 매우 중요하다. 몸의 균형을 잡고, 발을 어깨 넓이로 벌려서 선다. 어깨에는 힘을 뺀다. 턱을 당기고 누군가 머리끝을 잡아당기는 이미지를 생각한다. 고개가 숙여지거나 머리가 들리지 않도록 얼굴은 정면을 향한다. 바른 자세에서 좋은 소리가 나온다. 무대에선 자유롭게 랩을 하더라도 발성을 연습할 땐 바른 자세를 유지하자.

1. 복식 호흡으로 숨이 가는 길을 만든다. 한 손은 가슴에 대고, 다른 한 손은 옆구리를 잡는다. 코로 숨을 들이쉬고(복식 호흡이 어느정도 익숙해지면 입과 코로 함께 숨을 들이쉰다), 입으로 호흡을 내뱉고 2~3초 정도 멈췄다가 다시 숨을 들이쉰다. 다시 코로 숨을 들이쉴 때 가슴은 들리지 않고, 배와 옆구리 등이 부풀어 오르게 들이쉰다. 너무 많이 들이쉬려 하기보다는 자연스럽게 들이쉬는 것이 더 중요하다. 호흡을 할 때마다 차츰 호흡이 조금씩 더 깊이 들어가도록 숨을 깊게 쉬고, 천천히 내뱉는다. (코로 숨을 들이쉬고 입으로 내뱉기 10번, 입과 코로 하품하듯이 후두를 내리며 숨을 들이쉬고 입으로 내뱉기 10번 정도로 호흡의 길을 열면 좋다.)

2. 횡경막을 자극하고 깨워준다. 복식 호흡 중 입으로 내뱉을 때, 한 손으로 주먹을 쥐고 입에 가져다 댄 후 (주먹에서 말린 엄지와 검지 부분에)

숨을 불어 본다. 들이쉴 때는 주먹을 폈다가 다시 내뱉을 때 주먹의 말린 엄지와 검지 부분에 숨을 내뱉는다. 숨을 내뱉을 때도 배 안의 압력이 유지되어 배가 부푼 상태가 유지되는 것이 느껴지는가? 다시 숨을 들이쉬고 내뱉을 때 이번엔 숨을 짧게 스타카토로 끊어서 뱉어 본다. 횡격막이 자극되는 것이 느껴질 것이다. (길게 내뱉기 10번, 짧게 내뱉기 20번 정도로 횡격막을 자극해 보자.)

3. 호흡을 깊게 들이쉰 후에 입을 다물고 코로 숨을 뱉으며 '흠' 소리를 낸다. 머리 위가 울리는 느낌이 들 것이다. 또 깍지를 낀 손을 뒤통수에 가져다 대고 고개를 숙이고 볼에 바람을 넣은 상태에서 허밍을 해 보자. 머리 위 공간을 쓰는 훈련으로 울림이 더 잘 느껴질 것이다. (각각 10번 정도 하며 머리 위가 울리는 느낌을 체크하기 바란다.)

4. 허밍을 활용해서 자신의 목소리 음정을 잡는다. 한 손으로 주먹을 쥐고 (주먹에서 말린 엄지와 검지 부분을) 명치 약간 아래에 가져다 댄다. 복식 호흡을 하고 배가 부풀어 올랐을 때 입으로 숨을 내뱉는 대신, 입을 다물고 코로 소리를 내는 허밍을 한다. 코끝이 간질간질하거나 머리 위쪽이 울리는 느낌이 들면, 허밍을 하며 명치 약간 아래에 댄 주먹을 일정한 간격으로 눌러준다. 소리가 코 쪽에서 점차 위로 올라가는 것을 느낄 것이다. 여기가 바로 당신 목소리의 음정이다. (10번 정도를 한다. 허밍의 소리가 큰 것은 중요하지 않다. 목에 전혀 부담이 없는지 코나 코 주변 혹은 머리 위쪽이

울리는 느낌을 체크해 보자. 시선은 정면을 향한 상태에서 눈썹을 위로 올려 머리 위를 생각하는 이미지를 주는 것도 도움이 된다.)

5. 코웃음을 치며 횡경막을 자극하고, 코를 울려서 소리를 낸다. 숨을 들이쉬고 코웃음을 치면 배의 압력이 유지된 상태에서 횡격막이 자극되고, 자연스럽게 소리가 머리 위쪽에서 울리는 것을 느낄 수 있다. (1번 흥, 2번 흥흥, 3번 흥흥흥, 4번 흥흥흥흥 코웃음 치는 것을 1세트로 10번 정도를 한다.)

6. 스타카토로 '아' 또는 '마' 소리를 내어 본다. 짧은 음을 빠르고 강하게 뱉는 랩의 특성상, 랩 발성은 한 음을 또렷하게 끊는 듯이 연주하는 스타카토에 가깝다. 복식 호흡을 하고, 배의 압력을 유지한 상태에서 소리가 머리에서 울리게 '아'를 끊어서 발음하면 랩 발성의 기본 연습에 도움이 될 것이다. 그 후 '아' 또는 '마' 대신 본인의 랩 가사 혹은 카피하고 있는 랩의 가사를 한 글자씩 소리 내어 발음해 본다. (1번 아, 2번 아아, 3번 아아아, 4번 아아아아 소리를 내는 것을 1세트로 10번 정도를 한다.)

이 외에도 피아노 건반을 이용한 발성 스케일Scale 연습, 립 트릴Lip Trill, 유산소 운동, 하체 단련, 바른 자세 잡기, 발음 연습, 흉성, 두성 등 연습해야 할 발성 훈련법은 정말 많다. 노래를 하는 사람에게만 발성 연습이 필요한 것이 아니다. 래퍼도 발성 연습은 필수적으로 해야 한다. 발성이 좋고 성량이 좋다고 좋은 톤을 가진 래퍼일 수는 없지만 발성의 개념을 알아야 본인의 목소리 톤을 잡는 데도 큰 도움이 될 것이다. 호흡과 발성에 대해 아주 기본적인 내용만 살펴보았다. 보다 자세한 내용은 보컬과 관련된 책, 온라인 강의, 발성 아카데미 등에서 반드시 직접 체험하고 연구하기를 권한다.

무대 동작 익히기

래퍼는 랩을 잘해야 할 뿐 아니라 무대에서 멋진 동작으로 관객들을 이끌어야 한다. 공연장에서 함께 뛰어놀며 무대 동작을 익히는 것도 좋고, 뮤직 비디오나 라이브 영상을 보면서 뮤지션을 흉내 내는 것도 좋고, 춤을 배우는 것도 도움이 된다. 무대 동작보다 랩을 잘하는 것이 우선이겠지만, 라이브 때는 무대 동작에 따라 랩이 더 살아날 수도 있고 혹은 반대로 좋은 랩이 나쁜 무대 동작 때문에 안좋게 들릴 수 있다. 그만큼 무대 동작이 주는 영향이 크다. 래퍼들의 몸동작을 부분별로 나눠서 살펴보고 기본 훈련을 할 수 있는 방법을 알아보자.

1. 감정 잡기

무대에서 가장 중요한 감정은 '자신감'이다. 떨리거나 긴장이 될 수도 있지만 수많은 연습으로 그 떨림을 이겨내고 한번 제대로 보여주겠다, 하는 자신감이 있어야 한다. '내가 최고다.' '무대를 다 찢어버리겠다.' '내 뒤 순서는 기억도 나지 않게 만들겠다.' '내 랩을 제대로 전달하고 실력을 증명하겠다.' 라는 자신감이 필요하다. 그리고 자신이 부를 곡에 감정을 몰입해야 한다. 슬픈 곡이면 눈빛에서부터 이미 슬픔이 묻어나야 하며 배틀 랩이라면 거만할 정도로 전투적인 느낌을 표현해야 한다. 감정선을 제대로 유지하지 못하면 그 곡을 제대로 표현하거나 전달하기가 어렵다. 그러니 무대에 오르기 전부터 미리 곡을 표현하려는 마음가짐을 가져야 한다.

2. 시선 처리

눈동자는 랩이 가는 길이다. 그러니 급하게 시선을 걷어 내거나 시선이 흔들리면 안 된다. 똑같은 말도 눈동자가 흔들리면 자신감이 없어 보이고 불안해 보이고 설득력이 약해진다. 꼭 상대의 눈을 바라보라는 말이 아니다. 어딘가를 정확하게 응시하기만 해도 된다. 래퍼는 수많은 사람의 시선을 받고 또 반대로 수많은 사람을 바라봐야 한다. 그렇다면 어떻게 시선 처리를 해야 할까? 우선 평소에 사람들과 편하게 눈을 마주

치는 연습을 하면 좋다. 너무 과하게 상대를 노려보거나 급하게 눈을 피하지 말고 부드럽게 시선을 주고받으면 된다. 감정적으로 힘들어 상대의 시선이 부담스러울 때도 눈썹 사이 미간을 보면서 최대한 시선을 맞추면 된다. 기본 동작을 연습할 때는 시선을 정면 혹은 정면 약간 위를 응시하도록 한다. 눈빛에 자신감과 곡에 몰입한 감정을 담아 랩을 할 수 있다면 그것만으로 무대 동작의 반은 완성된다.

3. 손 흔들기

래퍼들은 주로 손을 흔들면서 랩을 한다. 그럼 왜 손을 흔드는 걸까? 첫 번째 이유는 박자를 타기 위해서이다. 양 옆으로 손을 흔들면서 킥과 스네어를 표현할 수 있다. 킥(.)과 스네어(/) 표시를 하듯 손을 이용해서 박자를 안정적으로 잡을 수 있다. 한 손에는 마이크를 쥐고 한 손은 흔들면서 박자를 표현해 보자. 한 손을 쭉 뻗어 손끝이 어깨선과 일치하도록 둔다. 그리고 팔꿈치를 살짝 구부려서 곡선을 준다. 그리고 손을 안쪽으로 이동했다가 다시 제자리로 오도록 한다. 편의상 안쪽을 킥(.)으로, 다시 제자리로 올 때를 스네어(/)라고 생각하자. 손을 안쪽과 제자리로 오가도록 흔들면 래퍼들이 손을 쓰는 기본 동작이 된다. 이때 손의 모양도 중요하다. 래퍼들마다 다양한 모양으로 손을 흔드는데 엄지, 검지, 중지는 펴고 나머지 손가락은 안으로 살짝 굽히면 기본적인 손 모양이 된다.

래퍼들이 손을 흔드는 두 번째 이유는, 리듬을 표현하기 위해서이다.

마치 지휘자가 음악을 지휘하듯 손으로 랩의 리듬을 표현한다고 보면
된다. 무작정 손을 흔드는 것이 아니라 랩이 손에 담겨서 그 리듬을 따
라 표현하는 것이다. 손에 약간의 힘이 들어가 있으면 좋다. 랩이 빠르면
빠르게 손을 흔들고, 랩이 끊어질 때는 손을 끊어 치면서, 랩을 쭉 끌 때
는 손도 길게 끌면서 그 리듬을 표현하련 된다. 정해진 손 흔들기가 있
는 것은 아니니 자유롭게 표현하다 보면 익숙하게 자신만의 동작을 익
힐 수 있을 것이다.

래퍼들이 손을 흔드는 세 번째 이유는 손을 활용해 가사를 표현하기
위해서이다. 사랑한다는 말을 손가락 하트를 활용해 전달하거나, 눈물
이라는 단어가 있다면 눈 아래로 손가락을 내리면서 흘러내리는 눈물
을 함께 표현할 수도 있다. 한 군데를 표현하더라도 크고 과감하게 나타
내야 한다. 큰 무대에서 많은 사람들이 다 볼 수 있도록 해야 하기 때문
이다. 주의할 점은 너무 많은 가사 표현은 구연동화처럼 유치해질 수 있
으니 포인트가 될 수 있는 구간에만 활용하기 바란다.

손을 흔드는 네 번째 이유는 관객의 호응을 유도하기 위해서이다.
"Put your hands up"을 외치며 래퍼가 누구보다 크게 손을 들며 바운스
를 타게 할 수도 있고, "뛰어"라고 외치며 손을 아래에서 위로 향하게 해
서 관객들이 뛰게 만들 수도 있다. 다양한 방식으로 관객의 반응을 이
끌어낼 수 있는데 이때 중요한 것은 래퍼 본인이 먼저 시범을 보이듯 큰
에너지로 무대를 장악하고 손을 흔들면서 무대를 뛰어다녀야 한다는 것
이다. 그래야 관객들도 함께 음악에 미쳐서 날뛸 수가 있다.

4. 발은 11자 모양

편하게 서 있을 때 보통 사람들의 발은 바깥쪽으로 향해 있다. 물론 편하게 서 있는 것이 가장 좋지만 기본적인 무대 동작으로 보자면 발을 어깨넓이 11자로 만드는 것이 좀 더 보기 좋다. 그 상태에서 왼발이든 오른발이든 한 발을 앞이나 뒤로 빼고 몸을 살짝 숙이면 응용 동작이 된다. 그런 자세에서 무릎이나 엉덩이를 흔들면서 리듬을 타면 된다.

5. 발걸음은 무대에서도 편안하게 걷기

무대에 서면 생각보다 할 일이 많다. 랩도 해야 하고 관객과 소통하면서 호응을 이끌어내기 위해 무대 여기저기를 돌아다녀야 한다. 그런데 긴장을 하면 발걸음이 엉킬 수 있다. 그러다 잘못하면 동선이 꼬이거나 극단적인 경우 넘어질 수도 있다. 하지만 발걸음은 생각보다 간단하다. 무대에서도 평소처럼 편하게 걸으면 된다. 덧붙여서 리듬을 조금 더 타기만 하면 된다. 평소 걸을 때는 앞으로 간다, 왼쪽으로 간다, 오른쪽으로 간다 하며 의식하고 걷지는 않는다. 무대에서도 마찬가지다. 자유롭게 리듬을 타며 무대 위를 활보하면 된다. 다만 동선을 정해놓는 것이 좋다. 왼쪽, 오른쪽, 가운데를 어떻게 활용할지 곡의 구성마다 어디에 위치해 있을지를 미리 연습하기 바란다.

6. 마이크를 쥐는 법

마이크를 잘 쥐고 입 앞에 붙여야 랩이 스피커를 통해 잘 전달된다. 무대용 마이크는 보통 다이나믹 마이크로 마이크 헤드와 입이 일직선을 이루어야 한다. 그리고 입과 마이크 헤드의 거리에 따라 소리 크기에 큰 차이가 있다. 마이크 헤드 자체를 감싸 쥐면 스리가 먹먹해지거나 음향이 좋게 나오지 않기에 몸통을 쥐는 것이 좋다. 랩은 노래처럼 음을 길게 표현하기보다는 짧은 음을 빠르게 뱉는 특성상 마이크 헤드와 입이 가까워야 한다. 그래서 대부분의 래퍼가 마이크 헤드까지 감싸며 최대한 입 앞에 붙이려 한다. 하지만 말한 대로 전체를 감싸 쥐는 것은 음향이 좋지 않을 수 있으니 중지가 마이크 헤드의 바로 아랫부분을 쥐고 약지, 새끼손가락이 몸통을 감싸 쥐는 형태로 마이크를 쥐어야 한다. 그리고 남은 손가락 중 검지를 인중에 가져다 대거나 엄지를 턱에 붙이기도 한다. 그 이유는 마이크가 입 앞에 있다는 것을 인지하기 위해서이다. 본인이 무대에서 랩을 하는 중에도 마이크의 위치를 잘 확인하고 얼마든지 조율할 수 있다면 마이크의 몸통을 쥐고도 입 앞에 붙일 수 있지만, 무대에 선 경험이 적은 연습 초기에는 마이크를 위의 방법처럼 쥐어서 익히기 바란다.

곡 구성 분석

랩으로 한 곡을 완성하려면 곡이 어떻게 구성되는지 알아야 한다. 일 반적인 곡을 분석해 보면 Intro – Verse1 – Hook – Verse2 – Bridge – Hook – Outro 정도로 구성할 수 있다. 각 부분이 활용되는 방법과 만드는 법을 알아보기로 하자. 녹음된 곡에는 포함되지 않지만, 라이브 공연 때 쓰이는 멘트까지 곡 구성의 일부로 포함해서 살펴보자.

1. 멘트(Ment)

멘트는 라이브 공연을 할 때는 곡 구성의 일부로 볼 수 있다. 곡에 포함되지는 않지만 곡 시작 전에 관객들에게 기대감을 높이고, 곡에 몰입하는 데 도움을 줄 수 있기 때문이다. 굳이 곡 구성에 멘트를 포함시킨 것은 그만큼 멘트가 중요하기 때문이다. 그리 길게 할 필요는 없지만 적재적소에 맞는 멘트는 노래 이상의 효과를 가져다준다. 그러니 미리미리 준비하고, 무대를 준비하기 바란다. 멘트는 관객들과 말로 소통할 수 있는 중요한 순간이다. 좋은 멘트는 뮤지션을 친근감 있게 만들고, 관객들과의 호흡을 돕는다. 자신감이 있어야 하고, 유머러스하게 웃긴 표현을 잘하는 것도 좋다. 또는 비트박스나 프리스타일 랩 혹은 짧은 노래처럼 자신의 장기를 활용해서 곡이 시작되기 전부터 실력을 어필할 수도 있다. 자신감이 없거나 반대로 너무 거만해서 거부감이 드는 멘트, 곡 준비에 대한 변명을 하거나 누군가를 깎아내리는 멘트, 노래보다 긴 지루한 길이의 멘트 등은 좋지 않은 멘트이다. 래퍼의 캐릭터에 따라 꼭 어떤 멘트가 좋거나 좋지 않다, 라고 단정 지을 수는 없지만 일반적으로 보기에 그렇다. 멘트를 하는 방법은 간단하다. 자기소개를 하거나 곡 소개를 하거나 곡에서 따라할 수 있는 부분을 관객들과 함께 연습하거나 비트박스나 프리스타일 랩처럼 음악적으로 어필할 수 있는 멘트를 하면 된다.

2. 인트로(Intro)

인트로는 곡의 제일 처음에 나오는 구간이다. 곡의 주제를 암시하거나, 랩이 본격적으로 나오기 전에 래퍼의 등장을 알리기도 한다. 전주만으로 처리되기도 하지만 인트로를 채울 경우 나레이션을 할 수도 있고, 짧은 랩이나 짧은 노래, 브릿지나 후크의 일부를 가져와서 사용하기도 한다. 가장 쉽게 만드는 방법은 'uh', 'yeah' 같은 추임새로 래퍼의 목소리를 짧게 들려주는 것이다. 만약 래퍼 특유의 보이스 로고가 있다면 효과적으로 사용할 수 있다. 추임새 외에 인트로를 채울 수 있는 쉬운 방법은 래퍼 이름, 곡 제목, 크루나 레이블 이름 등을 외치는 것이다.

3. 버스(Verse)

버스는 바로 랩으로 곡의 주제를 자세하게 풀어내는 구간이다. 버스를 쓰는 방법에 대해 지금까지 앞에서 다뤘기에 더 자세한 설명보다 녹음을 할 때 쓰이는 더블링Doubling과 애드립Adlib에 대해 알아보겠다. 더블링은 주로 라임 부분이나 강조하고 싶은 부분을 한 번 더(혹은 왼쪽과 오른쪽 양쪽에서 소리가 나오도록 나눠서 두 번) 녹음하는 것이다. 예를 들어 "눈부시던 이 씬도 뭉칫돈에 눈 먼 (광신도.) 나 역시도 때가 묻었고 재밌어 이 (방식도.)"라는 랩 가사에서 괄호로 표시한 라임 부분을 한 번 또는 양쪽으로 두 번 더 녹음해서 라임을 강조하거나 포인트를 살려줄

누구나 랩

수 있다. 최근에는 더블링을 그리 많이 넣지 않는 추세이므로 곡의 성격에 맞게 더블링을 잘 넣어야 한다. 더블링은 녹음된 메인 랩 부분의 타이밍과 억양을 잘 맞춰서 거의 비슷하게 쳐야 한다. 그리고 라이브 때는 강조 효과와 더불어 숨이 차는 구간을 더블링으로 보완할 수 있다. 더블링을 치는 백업 래퍼와의 호흡이 매우 중요하므로 연습을 꼼꼼하게 잘해야 한다.

애드립은 랩 가사의 표현에 조미료를 뿌려 더욱 맛이 살아나도록 돕는다. 마치 호응하는 방청객과도 같은 역할을 한다고 보면 된다. 예를 들어 펀치라인으로 쓴 랩 가사 뒤에서 박수나 환호성이나 탄성을 애드립으로 사용해 그 부분이 재치 있는 표현이라는 것을 다시 상기시킬 수도 있다. 슬픈 가사에서도 한숨이나 기침 등으로 그 아픔을 더 표현할 수 있다. 최근에는 '야'와 '우' 같은 애드립이 유행하는데, 본인만의 애드립을 개발하면 그 자체로 자신을 상징하는 보이스 로고가 될 수 있으니 꼭 연구해 볼 필요가 있다.

4. 후크(Hook)

후크는 곡의 주제를 대놓고 말하는 구간이다. 반복적이고, 따라 하기 쉽고, 기억에 남게 만들어야 한다. 무조건 기억에 남아야 한다는 각오로 만들면 좋다. 곡에서 후크는 정말 중요한 구간이다. 후크가 기억에 남으면 그 곡은 성공했다고 볼 수 있다. 단지 후크 때문에 그 곡을 다시 듣고 싶어질 수도 있다. 랩으로 후크를 만드는 방법은 다양하다. 한 마디의 랩 가사를 반복할 수도 있고, 두 마디 또는 네 마디의 짧은 랩을 여덟 마디 동안 반복할 수도 있다. 여유 있게 따라 하기 쉽기 때문에 일반적으로 2-1번 리듬, 2-2번 리듬의 랩을 추천한다. 음악을 많이 듣고 다른 곡의 후크를 참고해서 만들어도 좋다. 이미 수많은 형태의 후크가 나왔기에 자신의 센스를 덧붙여 기존 후크를 변형해서 작업해도 좋다. 평소에 중독적인 멜로디나 랩 구절을 흥얼거리면서 만드는 연습을 하면 좋다. 후크를 잘 만드는 래퍼나 뮤지션은 모두에게 환영 받는다. 후크를 잘 만들면 정말 큰 무기가 될 수 있다. 라이브 공연 때 후크는 관객의 호응을 가장 많이 이끌어 내는 파트이기도 하다. 박수나 'Put your hands up', 'jump'를 유도할 수도 있고, 메인테마가 되는 랩이나 호응 추임새를 따라 할 수도 있다. Hook란 뜻 그대로 고리로 걸어 리스너들을 낚아야 한다.

5. 브릿지(Bridge)

곡의 분위기를 환기시키거나 후크가 나오기 전에 연결 다리 역할을 하는 부분이다. 곡의 주제를 보충하기도 하고, 관객의 호응만을 이끌어 내기 위한 구간으로 쓰이기도 한다. 만드는 방법과 활용은 후크와 비슷하다. 곡 구성을 풍성하게 하면서 한 곡에서 다양한 느낌을 전달하는 재미를 줄 수 있다. 후크가 나오기 전에 분위기를 고조하는 프리 후크로 쓰일 수도 있다.

6. 아웃트로(Outro)

아웃트로는 곡이 끝나고 문을 닫는 부분이다. 라이브 때는 'Good night', 'I'm Out', 'Yeah' 등의 문구로 극이 끝났다는 표시를 하며 여운을 주고 박수를 받아낸다. 아웃트로를 잘 끝맺어야 사람들에게 감동의 여운을 주고 한 곡을 정말 잘 보고 들었다, 라는 인상을 줄 수 있다. 만약 라이브 때 아웃트로 처리를 어색하게 하면 (급히 들어가거나, 어설픈 타이밍에 곡을 끊거나 하면) 초중반부의 곡과 무대가 아무리 좋았더라도 미완성으로 끝맺게 된다. 만드는 방법은 인트로와 비슷하다. 모든 구성마다 그 의미와 쓰임이 있으니 잘 익혀서 활용하기 바란다. 멘트부터 아웃트로까지 모든 부분이 다 중요하다.

녹음하기

자신의 목소리 색깔, 발음, 박자 등을 체크하는 데는 녹음만큼 좋은 것이 없다. 가사를 썼다면 무조건 녹음하고 기록하라. 핸드폰 어플을 활용해서 음악을 만들거나 녹음을 할 수 있다. 평소에 문득문득 떠오르는 영감이나 라임이 있다면 핸드폰 어플을 활용해서 녹음하는 습관을 들이자. 본격적으로 음악을 시작하려면 홈 레코딩 장비를 구비하는 것이 좋다. 랩 녹음을 하려면 어떤 장비들이 필요할까? 기본 장비는 컴퓨터, 음악 작업 프로그램, 헤드폰, 모니터 스피커, 오디오 인터페이스, 마이크까지 여섯 가지 정도가 필요하다. 장비의 종류는 정말 많기에 가격

대를 정하고 그 예산 안에서 분류된 제품들을 찾는 것을 권한다.

음악 작업 프로그램은 주로 큐베이스, 로직, FL 스튜디오 등을 활용하는 편이다. 본인의 컴퓨터 사양에 맞는 음악 작업 프로그램을 정해서 설치하고 녹음 방법부터 천천히 익히기를 권한다. 구입과 설치 및 사용 방법은 온라인 사이트와 관련 서적을 통해 다양하게 익힐 수 있다.

헤드폰은 최대한 귀를 모두 덮는 디자인으로 된, 소리를 잘 차단하는 제품이 좋다. 녹음할 때와 녹음 후 들으면서 녹음 상태를 체크할 때 반주 소리와 본인의 목소리를 잘 구분해서 듣는 것이 좋다. 레코딩 때는 반주 소리를 조금 줄이더라도 본인의 목소리가 더 잘 들리도록 녹음 상태를 세팅하는 것을 권한다.

모니터 스피커는 음악의 느낌과 전체적인 밸런스를 체크하는 역할을 하지만, 이와 관련된 작업인 믹싱/마스터링 때도 중요한 역할을 한다. 본인이 직접 믹싱과 마스터링 작업까지 할 필요는 없겠지만, 모니터 헤드폰과 모니터 스피커로 음악 모니터[119] 환경을 잘 갖춰놓으면 미세한 소리까지 잘 체크해서 수정하거나 보완할 수 있다.

오디오 인터페이스는 기타, 피아노 등의 악기를 연주할 때 혹은 목소리를 녹음할 때 실제 악기의 소리를 디지털화시킨다. 아날로그 소리를

---

119 사전적 의미는 기사·제품 등에 대한 의견·감상 등을 말하는 것이다. 더 쉽게 말해서 모니터라는 것은 음악을 만들고 확인하고 좋은 점, 아쉬운 점 등을 체크하는 것이다.

디지털로 변환시켜주는 장비로 소리 녹음 및 재생 시 품질을 좋게 유지해 주는 역할을 한다.

마이크는 녹음 시 목소리를 받는 역할을 한다. USB 마이크는 마이크 안에 오디오 인터페이스가 내장되어 있어서 USB 케이블만 연결하면 녹음이 가능하다. 하지만 마이크와 오디오 인터페이스의 조합으로 만든 장비보다는 음질이 떨어진다. 그래서 마이크와 오디오 인터페이스를 따로 조합하는 것을 권하는 편이다.

그 외의 홈 레코딩 장비로는 마이크를 고정해주는 마이크 스탠드, 치찰음을 막아주는 팝 필터, 방음 역할을 하는 리플렉션 필터 등이 있다. 방 안에 여유 공간이 있다면 녹음용 부스를 설치할 수도 있다. 음악 장비를 파는 사이트에서 홈 스튜디오 패키지로 한 번에 판매하기도 한다. 어떤 장비를 사야 할지 고민이 될 것이다. 여력이 된다면 고가의 장비를 추천하는 편이다. 하지만 예산이 적다면 중고 장비를 구입해서 시작해도 된다. 장비보다 중요한 것은 본인의 노력이다. 혹시 홈 레코딩 환경을 꾸미지 못한다면 일정 금액을 지불하고 쓸 수 있는 녹음 스튜디오를 가끔씩이라도 활용하는 것도 좋다. 어떻게 시작하든 랩을 하는 것은 펜과 종이만 있어도 가능하다는 것을 잊지 마라.

앨범 발표에 도전하자

랩을 시작했다면 언젠가는 앨범을 발표하는 뮤지션이 될 수 있다. 유튜브, 사운드 클라우드, 개인 SNS 등에 만든 음원을 올릴 수도 있지만, 여기에서는 정식으로 앨범을 발매해서 수익을 창출하는 과정에 대해 간략하게 살펴보기로 한다.

1. 가사 쓰기

앨범을 발표하려면 먼저 곡이 있어야 한다. 하지만 정식으로 곡을 받지 못했더라도 레퍼런스가 될 수 있는 무료 공개 곡을 온라인에서 얼마든지 구할 수 있다. 무료 공개 곡에 맞춰 가사를 쓴 후 작곡가에게 정식으로 의뢰할 수 있다. 곡을 먼저 구입했는데 곡을 받은 후 가사가 안 나와서 곡을 발표하지 못하거나 기간이 너무 늘어나는 것을 예방하려면 가사를 많이 써두거나 레퍼런스 곡에 먼저 가사 작업을 반 정도라도 진행하는 것을 권한다. 가사를 쓰는 데 돈은 들지 않는다. 한 곡을 완성하는 데 걸리는 기한은 2주에서 아무리 길어도 3주 정도로 잡는 것이 좋다. 물론 더 빨라도 좋다. 작업량이 성실한 래퍼가 인정을 받는다.

2. 곡 받기

앨범을 발표하려면 창작곡이 필요하다. 작곡가에게 의뢰를 해서 구입하면 된다. 친분이 있거나 서로 간의 전략적 비즈니스 관계로 곡비를 따로 지불하지 않고 곡을 받을 수도 있다. 정식으로 의뢰한다면 곡비는 작곡가에 따라 몇 만원부터 몇 십 만원, 몇 백 만원, 몇 천 만원에 이르기까지 다양할 것이다. 온라인에 곡을 파는 사이트도 있고, 유튜브를 통해서도 구매가 가능하다. 많은 음악을 찾아서 듣고, 자신의 색깔과 맞는 작곡가를 만나는 일은 정말 중요하다. 음악적 스펙트럼을 넓히려면 직접 미디 공부도 하면서 곡 작업을 병행하는 것도 좋다.

3. 녹음하기

녹음은 보통 스튜디오를 대여해서 진행한다. 스튜디오에서 대여 시간의 단위는 '한 프로'이며, 한 프로는 3시간 30분에서 4시간 정도를 의미한다. 한 프로당 대여료는 스튜디오에 따라 다양하며 일반적으로 10~30만원 선에서 진행이 가능하다. 혹시 홈 레코딩을 스튜디오 급으로 세팅했다면 스튜디오에 가지 않고 집에서 녹음해서 앨범을 발표하기도 한다.

4. 믹싱하기

믹싱이란 쉽게 말해 소리를 섞는 과정이다. 곡의 소스와 녹음된 목소리 소스 등 전체적인 사운드를 재배치한다. 믹싱 상태에 따라 곡의 상태가 좋아질 수도 나빠질 수도 있다. 아주 세심한 집중력을 요하는 작업이기에 곡에 참여한 작곡가와 뮤지션 모두의 의견이 반영되어야 한다. 그만큼 믹싱은 시간이 제법 오래 걸린다. 믹싱비는 믹싱 엔지니어에 따라 다르지만 곡당 10~60만원 정도 선에서 진행한다. 물론 그 이하나 그 이상의 비용이 들기도 한다.

5. 마스터링

믹스된 음원을 적정 음압 상태로 뽑아내는 과정이다. 마스터링을 통해 정식 유통되는 음원이 완성된다. 마스터링은 고가의 장비를 이용하며 마스터링 엔지니어에 따라 다르지만 곡당 10~20만원 정도로 진행된다. 물론 그 이하나 그 이상의 비용이 들기도 한다.

6. 앨범 커버 제작

앨범 커버는 녹음이 완료됐을 때 진행하는 편이다. (믹싱, 마스터링을 진행할 때쯤 앨범 커버 제작을 맡긴다.) 음악을 들려주며 디자이너에게 의견을 구할 때도 있고, 뮤지션 본인이 표현하고 싶은 바대로 커버를 만들면 된다. 앨범 커버는 그림, 사진, 그래픽 디자인 등등 다양하게 진행할 수 있다. 좋은 음악을 멋진 이미지로 나타낼 수 있도록 고민해야 한다. 그렇기 때문에 음악뿐 아니라 예술 전반에 관심을 가지고 소양을 쌓아야 한다. 디자이너에 따라 비용은 몇 만원부터 몇 십 만원에 이를 수 있다. 물론 그 이하나 그 이상의 비용이 들기도 한다.

7. 뮤직 비디오

뮤직 비디오는 노래를 이미지화시켜 눈에 보이도록 만드는 것으로 뮤지션의 매력을 더할 수 있는 장점이 있으며, 앨범을 홍보하는 가장 기본적인 수단이기도 하다. 제작비용이 많이 들기도 하고, 준비해야 할 부분도 많다. 무엇보다 정작 뮤직 비디오가 나왔을 때 본인의 생각과 다를 수도 있기에 마음이 잘 맞고 실력 있는 뮤직 비디오 감독을 만나는 것이 중요하다. 물론 뮤직 비디오에 출연하는 뮤지션 본인의 랩과 멋이 기본이 되어야 할 것이다. 제작에 투자되는 인력이나 소품, 장소에 따라 비용은 몇 십 만원부터 몇 천 만원에 이를 수 있다. 물론 그 이하나 그 이상의 비용이 들기도 한다. 뮤직 비디오가 완성된 후에는 방송 심의를 받아야 한다. 심의를 받은 후에는 뮤직 비디오에 몇 세 관람가인지와 심의 받은 날짜 등을 표기해야 한다. 뮤직 비디오는 제작을 해도 되고 안 해도 되는 선택 사항이다.

8. CD 제작

마스터링으로 완성된 음원이 나온 후 진행이 가능하다. 앨범 커버를 바탕으로 CD용 재킷 디자인까지 나오면 CD 프레싱 업체에 연락해서 제작을 진행하면 된다. 업체마다 다르지만 100장에서 300장 정도를 최소 수량으로 제작이 가능하다. 최소 수량을 기준으로 50~80만원 정도 선에서 비용이 발생한다. 수량이 500장, 1000장으로 늘어도 비용이 2배로 늘어나는 것은 아니고, 10~20만원 정도의 추가 비용이 발생한다. 최근엔 CD를 많이 소비하지 않기에 CD 제작 역시 선택 사항이다.

9. 유통사 계약

음원, 앨범 커버가 완성되면 음원 유통사와 계약이 가능하다. 대부분의 음원 사이트가 유통까지 함께 담당하고 있으며, 음원 유통만 전문으로 하는 유통사를 검색해서 계약을 진행해도 된다. 계약에는 따로 금액이 들지 않는 편이며 앨범 수익이 일정 금액 이상 발생했을 때 보통 제작사 : 유통사가 7 : 3 정도의 비율로 수익을 분배한다. 음원 수익이란 스트리밍, 음원 다운로드 등이 포함된 금액이다. 만약 당신이 뮤지션이자 직접 앨범을 제작한 1인 회사라면 그 분배금액을 곧바로 받지만 회사와 계약한 뮤지션이라면 회사와의 계약 내용에 따라 다시 회사와 뮤지션 간에 분배 수익을 받게 된다. 음원, 앨범 커버, 뮤직 비디오, CD 등과 함께 작사 작곡 등이 표기된 앨범 크레딧과 전체 가사 그리고 홍보글 등을 함께 정리해서 유통사로 넘기면 된다. 한 곳의 유통사와 계약하면 그 유통사에서 전체 음원 사이트에 음악을 등록한다. 유통사와의 계약은 앨범을 발표할 때마다 하므로 앨범마다 유통사를 다르게 계약해도 된다.

10. 저작권 등록

앨범을 발표한 후에 음악저작권협회에 작사가 또는 작곡가로 등록이 가능하다. 회원 가입비는 저작권협회에 따라 차이가 있겠지만 10만원, 20만원 선으로 알고 있다. 음원 사이트에서 나오는 음원 수익과는 별개로 작사, 작곡에 대한 저작권료가 수익으로 나온다. 이는 곡에 참여한 작사가와 작곡가에게 주는 금액이지만. 이 역시 회사와의 계약 관계에 따라 회사와 뮤지션 간에 분배하기도 한다. 그리고 한국음악실연자협회에도 가입을 한다. 실연자협회는 가창자, 악기 연주자 등이 가입하는 곳이며 일정 분기별로 수익이 발생한다. 별도의 가입비는 없는 것으로 알고 있다. 이 외에도 제작자협회가 있지만 위 2곳이 음악을 하는 사람이 대표적으로 가입하는 협회이다.

11. 활동 그리고 다시 작업

래퍼들의 활동은 그 역량에 따라 클럽 공연, 개인 콘서트, 방송, 라디오, 대학이나 기업 행사 등이 있다. 방송사에서 음원을 틀려면 방송 심의를 따로 받아야 한다. 방송 심의는 방송사마다 양식에 조금씩 차이가 있으니 잘 체크하기 바란다. 방송 심의를 대행하는 업체도 있다. 최근에는 앨범을 발표하는 속도가 너무나도 빠르다. 온라인 사이트 또는 개인 SNS를 통해 발표하는 믹스테입까지 포함해 매일매일 신곡이 쏟아진다. 신곡을 발표한 다음에 나름의 역량과 계획에 따라 열심히 활동하면서 바로 다음 앨범을 계획하고 준비하는 편이다. 처음엔 막연했겠지만 랩을 쓰고 발표하는 것이 삶의 일부가 되어 있다면 어느새 래퍼로 살아가고 있는 것이다.

지금까지 랩과 음반 제작의 단계까지 알아보았다. 막연하게 래퍼를 꿈꾸었지만 분명 여러분도 멋진 뮤지션으로 성장하리라 믿는다. 마지막으로 래퍼가 되려는 사람들에게 권하는 과제들을 제시하겠다. 매일 혹은 며칠 간격으로 기간을 정해 스스로 과제를 내고, 해 나가기를 바란다.

랩 과제

1. 랩에 가장 담고 싶은 신념과 철학을 세워라

어떤 말을 전하고 싶은지, 어떤 신념으로 사람들에게 영향을 주고 싶은지 자신만의 뜻을 품기 바란다. 처음부터 확고한 신념과 철학이 생기기는 쉽지 않을 것이다. 먼저 자신의 삶과 자아를 돌아보고 적어보기 바란다. 그리고 어떤 사람으로 인생을 살고 싶은지 정리하자. 또 다방면의 예술 분야를 섭렵하고, 여러 뮤지션들의 음악과 인터뷰와 활동들에 주목하면서 그들로부터 영향력을 흡수하기 바란다. 무작정 휩쓸리거나 따라가기보다는 자신만의 색깔이 있는 래퍼가 될 수 있도록 노력하자.

2. 발성 연습을 매일 10분에서 30분 정도 꼭 하기 바란다

발음 연습도 함께 병행하면 좋고, 녹음을 통해서 목소리 톤까지 체크한다면 더더욱 좋다. 발성은 매우 중요하다. 다양한 경로를 통해 발성법을 익히고, 랩뿐만 아니라 노래도 잘 부를 수 있기를 바란다.

3. 독서를 생활화하기 바란다

책 읽기가 힘들다면 하루 한 장이라도 읽으면서 조금씩 분량을 늘려가기 바란다. 문장을 읽고, 쓰는 연습을 해야 좋은 가사를 쓸 수 있으며 자신만의 문체도 형성될 것이다. 독서가 익숙하지 않다면 랩 가사를 프린트해서라도 읽어 보기 바란다. 래퍼들이 쓴 표현법과 라임 등만 체크해도 좋은 공부가 된다.

4. 매일 라임 찾기를 하기 바란다

적어도 단어 10개 정도를 정하고 한 단어당 5개 이상씩 라임을 찾고 라임 노트를 채워가기 바란다. 조금 더 나아가 찾은 라임들을 활용한 짧은 표현이나, 문장들까지 차곡차곡 쌓아나가면 가사를 쓰기 위한 소중한 자료들이 금세 쌓일 것이다. 노트에 적는 것도 좋고 쉴 새 없이 머릿속에서 라임들을 굴려보기 바란다.

5. 좋은 표현을 찾고 메모하기 바란다

노래, 랩, 영화, 책, 드라마 등 어디에서 나온 표현이든 좋다고 생각되는 표현은 출처와 함께 라임 노트에 적어라. 출처를 표시해두는 것이 중요하다. 혹시라도 다른 이의 표현을 함부로 쓸 수도 있기 때문이다. 좋은 표현을 적다 보면 그 표현을 응용해서 자신만의 표현도 쓸 수 있고, 좋은 표현을 쓰는 감을 잡는 데도 큰 도움이 된다.

6. 자신만의 좋은 표현을 적어 보자

앞에서 익힌 동음이의어 활용하기나 직유법, 은유법, 의인법 등을 적는 연습을 하면 된다. 꼭 길게 쓰지 않아도 된다. 한 줄의 문장도 괜찮으니 꾸준하게 써 내려가기 바란다. 듣는 것보다 뱉는 것이 가창에 좋고, 읽는 것보다 쓰는 것이 더욱 창작에 도움이 된다.

7. 동음이의어를 찾고 메모하는 습관을 기르자

동음이의어를 매일 1개 정도씩 찾고, 동음이의어 활용하기에서처럼 해체하듯 문장을 적는 연습을 해도 좋다. 그러다 보면 남들이 들었을 때 재치 있는 재밌는 표현을 쓸 수 있게 될 것이다.

8. 영어로 라임을 찾기 바란다

영어 공부를 꾸준히 하는 것도 좋다. 영어가 주는 리듬의 효과와 언어가 섞일 때 주는 재미가 있다. 영어는 후크 가사를 쓸 때도 많이 활용된다. 짧은 영어 단어 라임 찾기에서부터 영어로 문장 쓰기까지 꾸준히 영어를 익히기 바란다. 물론 한국어 공부가 우선이다. 좋은 국어 문장을 쓸 수 있도록 노력하면서 영어 가사 쓰기도 병행하자. 공부를 게을리 하면 안 된다.

9. 카피 랩을 매일 하기 바란다

1절만 해도 좋고, 1곡을 해도 좋다. 한국어 랩도 좋고, 영어 랩도 좋다. 다만 꾸준히 해야 한다. 카피 랩을 하기 전에 먼저 킥과 스네어 표시를 하고, 4마디를 한 묶음으로 1연씩 띄워서 랩 가사를 정리하는 것도 잊지 말자. 또한 매우 세세하게 숨소리까지 카피해야 한다. 특히 래퍼들이 톤을 조절하고 활용하는 부분을 세밀하게 카피해야 한다. 자연스럽게 기존 래퍼들의 랩 가사를 분석하게 될 것이고, 박자감, 플로우, 라임 등을 익히는 데도 아주 큰 도움이 될 것이다.

10. 매일 한 마디라도 비트에 맞춰서 가사를 쓰자

비트를 정해서 그 비트에 맞춰서 가사를 쓰는 것도 좋고, 무반주로 가사만 쓰는 것도 좋다. 래퍼는 가사를 쓰고 랩으로 뱉어 녹음하고 공연을 하는 것이 일상이다. 그 첫 시작이 가사를 쓰는 것이다. 그러니 가사 쓰기가 가장 익숙한 일상이 되어야 한다.

11. 프리스타일 랩으로 순간에 집중하고 자신을 초월하는 순간을 경험하기 바란다

싸이퍼에도 참여하고, 여러 래퍼들과 교류할 수 있게 되기를 바란다. 혼자서 하는 프리스타일도 좋지만 적어도 2명 이상이 모여 프리스타일 랩을 하는 것이 더 재밌다. 용기를 내서 랩 버틀 대회에도 참가한다면 큰 자극과 영감을 불어넣어 줄 것이다.

12. 음악을 듣는 시간, 그리고 뮤직 비디오나 라이브 영상을 보는 시간을 정해 놓기 바란다

자연스러운 일상이 되면 가장 좋지만 처음에는 의식적으로 그 시간들을 지키며 음악을 찾아서 들으면 좋다. 가장 핫한 최근 뮤지션부터 생소한 이름의 뮤지션까지 검색하며 많은 음악을 흡수하기 바란다. 많이

들은 만큼 좋은 음악을 구상할 수 있다. 가능하면 정규 앨범 단위 음악을 많이 듣는 게 좋다. 곡의 배치 순서나 흘러가는 분위기와 래퍼의 의도 등은 정규 앨범에서 더 잘 느껴지기 때문이다.

13. 라이브 공연을 자주 보기 바란다.

뮤지션들의 라이브 공연장에서 손도 흔들고, 소리도 지르고, 뛰어 놀면서 현장에서 랩을 익히기 바란다. 공연명, 공연 취지, 공연장 규모, 홍보 방법, 티켓 가격, 관객 동원수, 공연 큐시트, 무대 동선, 조명, 연출, 좋은 멘트, 베스트 무대, 감상 등으로 분류해서 공연을 하나하나 분석하면 공연자로서도 도움이 되지만, 나중에 공연 기획을 할 때도 큰 도움이 될 것이다.

14. 문학을 랩으로 치환하는 작업도 하면 좋다

문학이라는 글감을 랩으로 만들어 보면 문학에 담긴 의미를 곱씹을 수 있고, 거기에 자신의 의도를 담아 음악으로 재탄생시킬 수 있다. 필자가 작업했던 윤동주 시인의 〈별 헤는 밤〉이 그 대표적인 예시라 할 수 있다. 시 전체가 아니라도 분명 가사 쓰기에 좋은 영감과 소재가 될 것이다.

15. 다양한 문화 예술에 관심을 가지고, 즐기게 되기를 바란다

앨범 작업은 랩뿐만 아니라 패션, 춤, 미술, 영상 등까지 모두 표현하는 종합 예술로 발달했다. 래퍼가 랩을 잘하는 것은 당연하다. 그 이상을 연구하고 자신만의 색깔이 담긴 매력을 뿜어낼 수 있도록 노력해야 한다.

16. 자주자주 후크를 만들어 보기 바란다

랩으로 된 후크뿐만 아니라 보컬로 된 후크에도 도전하기 바란다. 곡의 메인 테마가 될 만한 문구를 찾아서 메모하고, 중독적인 멜로디와 후렴구를 만드는 연구를 꾸준히 해야 한다. 기존 곡의 후크를 분석하고 자신만의 스타일로 재창조하는 것도 좋다. 시간이 지나면 랩을 쓰는 것보다 후크를 만들고 곡을 구성하고 음악 자체를 하는 것이 더 중요하다는 사실을 깨닫게 될 것이다.

17. 춤에도 도전하기 바란다

리듬감에 도움을 줄 것이며 무대 동작도 멋스럽게 소화할 수 있을 것이다. 댄스 아카데미를 찾아가도 좋고, 유튜브 등을 통해서도 배울 수 있다. 처음엔 어색하겠지만 스텝이나 손동작 정도라도 익혀야 한다.

18. 작곡도 시도하기 바란다

피아노 등의 악기도 공부하고, 미디 강좌를 찾아서 들으며 음악적 역량을 키워가야 한다. 음악 전반을 이해하는 데 도움이 되며 뮤지션으로 성장할 수 있을 것이다. 음악을 이해하는 래퍼는 오랫동안 사랑받고 멀리까지 갈 수 있다. 힘들겠지만 포기하지 마라.

19. 함께할 수 있는 동료를 찾길 바란다

혼자서 하기보다는 누군가와 협업을 하고 교류를 하며 성장할 수 있다. 물론 그러면서 인간관계 맺기의 어려움을 겪을 수도 있다. 하지만 본인이 좋은 사람이면 좋은 사람과 인연을 맺을 것이다. 현재 실력만 보고 상대를 판단하지 말고, 성실함과 인성을 본받을 만한 인물이면 좋다.

20. 목표를 현실적으로 설정하고 이룬 후에 더 높은 목표를 설정해서 계속 올라가라

목표라는 것은 어떤 것이든 설정 가능하다. 앨범 발표든 회사 계약이든 어떠한 뮤지션과의 콜라보든 자신이 원하는 만큼 이뤄질 것이다. 그리고 그만큼 도전하고, 노력하게 될 것이다.

랩rap이란 우리가 살아가는 모든 양식들을 대변하는 음악적 표현 수단이며 운韻을 가진 시, 또는 구어적 표현들을 반복적인 비트와 멜로디 위에서 읊조리는 형태를 가진 음악 장르라고 할 수 있다.[120] 1980년대 미국 브롱스 지역에서 탄생한 힙합은 현재 전 세계 곳곳에서 음악과 패션 코드를 넘어 하나의 문화로 각광 받고 있다. 힙합의 4대 요소는 DJ, B-BOY, MC, GRAFFITI로 구분할 수 있다. 그 중 MC가 뱉는 랩은 힙합을 가장 대표적으로 대변하는 보컬의 한 장르이다. 랩이 곧 힙합이라 할 수는 없지만, 힙합에서 랩이 차지하는 비중은 그만큼 크다. 마니아 문화였던 한국 힙합은 그동안 언더그라운드에서 꾸준히 활동한 수많은 래퍼와 뮤지션을 통해 뿌리를 단단하게 내렸으며, 지난 2012년부터 Mnet에서 방영한 힙합 서바이벌 프로그램 〈Show Me The Money〉를 통해 힙합과 랩의 저변은 대중적으로도 매우 넓어졌다. 랩에 대한 관심이 많아짐에 따라, 일반 대중들이 랩 가사를 스스로 만들어 보려는 시도를 많이 한다. 하지만 여전히 과연 랩이 무엇인지, 어떻게 접근해야 하

---

120 양재영, 《힙합 커넥션 : 비트 라임 그리고 문화》, 한나래, 2001.

는지는 대부분 쉽게 설명하지 못한다.

랩은 이제 전 세계적으로도 또한 한국 대중음악에서도 주류로 자리 잡은 음악 요소이다. 올드 스쿨 힙합이라 부르는 초기의 단순한 랩을 거쳐 현재에 이르기까지 랩은 엄청나게 발전을 거듭했다. 처음에는 짧은 여음구의 반복과 단순한 라임rhyme 사용에서 시작되었지만, 현재의 랩은 매우 다양한 스타일을 탄생시켰고 복잡하고 고차원적인 스킬skill을 뽐내고 있다. 뿐만 아니라 랩의 리듬을 활용해 강단에서 영어나 국어, 역사 등을 교육하는 콘텐츠로 쓰이기도 한다. 스스로 가사 짓기가 가능하기에 랩은 삶을 풍요롭게 하는 문화생활이자 취미가 되기도 하고, 전문적인 음악 활동으로 발전하기도 한다.

그러나 아직도 많은 사람들이 랩을 어떻게 시작해야 할지 모르고 있다. 또 자유로운 문화인 힙합과 랩을 다른 누군가에게서 배울 수 있는지 의문을 제기한다. 하지만 발성법으로 소리를 낼 때 몸을 쓰는 법을 알고, 랩의 구성 요소를 하나씩 익히고, 박자를 타고 라임을 배치하는 기본 개념을 이해한다면 훨씬 더 쉽고 빠르게 랩을 익힐 수 있으리라 생각한다.

이 책에서 필자는 랩의 구조를 분석하는 방법과 랩을 창작하기 위한 다양한 방법을 제시했다. 《누구나 랩》을 통해 랩의 기본 개념과 구조에 대한 이론을 정리하고자 했다. 그리고 현장 경험과 교육 경험을 바탕으로 보다 실용적인 측면에서 랩을 창작하는 방법과 래퍼가 되어 활동하는 방향에 대해 제시했다. 또한 랩을 분석함으로서 랩의 구조와 랩의 창작 방법을 밝혔다. 이러한 연구는 랩을 통해 힙합 음악을 이해하고 감상하는 데 도움을 줄 뿐 아니라 누구나 스스로 랩을 창작할 수 있도록 도와줄 것이다. 필자는 《누구나 랩》을 통해 쉽게 랩에 접근할 수 있는 방법을 제시함으로서 랩의 대중화에 기여하며, 랩에 관한 후속 연구를 이끌어내는 촉매제 역할을 하게 되리라 기대한다. 무작정 오래 랩을 하는 것보다 올바른 방법으로 효율적으로 랩을 하는 게 중요하다.

나는 이제야 조금 랩 강의하는 법을 알 것 같다.

누구나 랩

1판 1쇄 발행 | 2017년 12월 18일
1판 3쇄 발행 | 2021년 12월 15일

지은이 술제이(김성훈)
펴낸이 김기옥

실용본부장 박재성
책임편집 장기영
영업 김선주
지원 고광현, 김형식, 임민진

표지 디자인 공중정원
본문 디자인 제이알컴
인쇄·제본 대원문화사

동영상 강의 촬영 및 편집 감독 류충호
동영상 강의 비트 제공 ABeatz, ZIPE KROCK
사진 제공 BAB, 서수현, pharmsnap 김태균, 사진 천재 정승호, 내 사랑 영순위 단비

펴낸곳 한스미디어(한즈미디어(주))
주소 121-839 서울특별시 마포구 양화로 11길 13(서교동, 강원빌딩 5층)
전화 02-707-0337 | 팩스 02-707-0198 | 홈페이지 www.hansmedia.com
출판신고번호 제 313-2003-227호 | 신고일자 2003년 6월 25일

ISBN 979-11-6007-216-7 13670